KOCHEN MIT KOHL & CO.

Erica Bänziger

KOCHEN MIT KOHL & CO.

Von Blumenkohl bis Wirsing

MIDENA

Die Deutsche Bibliothek – CIP Einheitsaufnahme

Bänziger, Ercia:
Kochen mit Kohl & Co. – von Blumenkohl bis Wirsing / Erica Bänziger.
Küttigen/Aarau : Midena ; Augsburg : Weltbild, 1999
ISBN 3-310-00315-9

Alleinvertrieb für Deutschland:
Weltbild Ratgeber Verlage GmbH & Co. KG,
86167 Augsburg

© 1999 – MIDENA VERLAG GmbH, CH-5024 Küttigen/Aarau
Gestaltung Umschlag: Dora Eichenberger-Hirter, Birrwil
Foodbilder: Evelyn und Hans-Peter König, Zürich
Bilder Einführungsteil: Beat Ernst, Basel (Seiten 24, 26, 28, 30),
Evelyn und Hans-Peter König, Zürich (Seiten 14, 18, 20, 22, 34),
Landwirtschaftliche Lehrmittelzentrale, Zollikofen (32)
Einführungstext: Ingrid Schindler, Balgach
Lithos: Neue Schwitter AG, Allschwil
Satz und Digitalvorlagen: Kneuss Satz AG, Lenzburg
Druck und Bindung: Neue Stalling, Oldenburg

ISBN 3-310-00315-9

Einführung
11 Vorwort
12 Von Kohlköpfen, Kappes und Kraut
    Komplizierte Familienverhältnisse
    und Vorzüge en masse
15 Kohl in der Naturheilkunde
    Allheilmittel und Aberglaube
    Saft und Rohkost
    Wickel und Auflagen
16 Auf dem Speiseplan
17 Kleine Kohlkunde –
    die wichtigsten Kohlsorten mit
    und ohne Kopf
17 Weißkohl/Weißkabis
21 Rotkohl/Rotkabis
    Wirsing/Wirz
23 Grünkohl/Federkohl
25 Rosenkohl
27 Brokkoli
29 Blumenkohl
31 Cima di Rapa/Stängelkohl
33 Chinakohl

REZEPTE

Suppen
36 Spitzkohlcremesuppe
36 Grünkohl-Gersten-Suppe
38 Brokkolisuppe mit Brotcroûtons
    und Alfalfasprossen

Salate
39 Brokkolisalat mit gerösteten
    Sesamsamen
39 Salat von Cima di Rapa und
    Avocado
41 Weißkohl-Paprika-Salat
41 Blumenkohlsalat
42 Mediterraner Romansecosalat
    Weißkohlsalat mit Sardellen
44 Rosenkohlsalat mit Meerrettich
    und Lachs

44 Rosenkohlsalat mit Möhren und
    Rucola
45 Chinakohl-Rotkohl-Salat mit
    Pilzen und Speck
45 Wirsingsalat mit Wildkräutern
47 Kartoffelsalat mit Cima di Rapa
47 Rotkohlsalat mit Orangenfilets
    und Cashewkernen
48 Grünkohlsalat mit Lachs, Pilzen
    und Croûtons
48 Grünkohlsalat mit Nüssen und
    Oliven

Hauptgerichte
51 Weißkohl indische Art mit
    Kartoffeln und Erbsen
51 Auflauf von Cima di Rapa und
    Tomaten
52 Rosenkohlauflauf mit Käse und
    Nüssen
52 Grünkohlgemüse mit
    Crème fraîche
54 Wirsing-Kichererbsen-Gemüse
54 Brokkoli-Spinat-Küchlein
56 Lasagne mit Wirsing
57 Wirsing-Hirse-Puffer
57 Brokkoli-Auflauf mit Feta
59 Gefüllter Wirsing
61 Scharfer Lamm-Wirsing-Eintopf
    mit Curry
61 Pasta mit Cima di Rapa und
    Räucherlachs
62 Ragout aus Cima di Rapa und
    Pilzen
62 Cima di Rapa mit Ofenkartoffeln
63 Weißkohlpäckchen mit fruchtiger
    Rotkohlfüllung
64 Kohlgemüse im Ausbackteig
64 Rosenkohl mit Pfifferlingen
66 Lasagneblätter mit Wirsing, Lauch
    und Lachs gefüllt
66 Blumenkohlköpfchen

68 Chinakohlwickel mit warmer
   Zitronensauce
70 Rosenkohl und Möhren mit
   Kastanien
70 Junger Wirsing mit Reis und
   Wurst
71 Scharfe Chinakohl-Lauch-Pfanne
73 Wirsingroulade mit Bohnen-
   Ricotta-Nuss-Füllung
73 Rosenkohl-Speck-Spießchen
75 Kartoffel-Grünkohl-Püree mit
   gerösteten Zwiebeln
76 Brokkoli-Lauch-Curry mit Kokosflocken
76 Blumenkohl-Kartoffel-Curry
   indische Art
77 Bratkartoffeln mit Wirsing und
   Pfefferschoten
78 Rotkohlroulade mit Kastanienfüllung
80 Buchweizencrêpes mit pikanter
   Ricotta-Kohl-Füllung
82 Chinakohl-Brokkoli-Curry mit
   Riesengarnelen

Aus dem Ofen
83 Kuchen mit Cima di Rapa und
   Ziegenkäse
85 Brokkolitoast
86 Mais-Grünkohl-Kuchen
88 Bruschette mit Cima di Rapa
88 Luftige Wirsing-Käse-Küchlein
89 Blumenkohl-Pie mit Ricotta und
   Sardellen
90 Pizza mit Brokkoli und Meeresfrüchten

92 Stichwortverzeichnis
93 Bezugsquellen

Widmung

Das Buch widme ich allen Freunden
einer gesunden und kreativen
Naturküche und im Besonderen den
Kohlbauern von Ismaning bei
München, wo ich, fast inmitten der
Kohlfelder, das Licht der Welt
erblickt habe.

Abkürzungen
EL = Esslöffel
TL = TL
dl = Deziliter
ml = Milliliter
g   = Gramm
Msp= Messerspitze

Wo nicht anders erwähnt,
sind die Rezepte für 4 Personen
berechnet.

Es ist an der Zeit, die große Kohlfamilie zu rehabilitieren. Kohlgewächse – vom Wirsing bis zum Brokkoli – sind äußerst vielseitig, wohlschmeckend und gesund. Als begeisterte Anhängerin der mediterranen Küche sowie als Ernährungs- und Gesundheitsberaterin kann und darf ich diese bedeutende Gemüsefamilie nicht unbeachtet lassen. Wahrscheinlich sind es ihre Einfachheit, Bodenständigkeit und Bescheidenheit, die Kohl und Kohlsorten in den Schatten von Auberginen, Zucchini und Co. stellen. Dabei zählen sie zu den gesündesten Gemüsen überhaupt. Die wertvollen Inhaltsstoffe der Kohlsorten haben sich seit Jahrtausenden bei einer großen Anzahl von Krankheiten bewährt und schützen sogar vor Krebs.

Das vermeintlich typisch deutsche Kraut ist eigentlich ein früher kosmopolitischer Europäer, der auch in China und Japan zu Hause ist. Sein Terrain sind nicht allein englischer Coleslaw, Elsässer Choucroute garnie, russischer Borschtsch oder bayrischer Krautsalat, Kohl ist genauso ein fester Bestandteil der gesunden mediterranen Küche, vor allem der italienischen. Von daher habe ich mich entschlossen, in der Kohlküche nach Kräften das schmackhafte, hochwertige Olivenöl zu verwenden, das wiederum den gesundheitlichen Wert des Kohls erhöht und ihn besser verdaulich macht.

Nun bleibt meine Hoffnung, mit diesem Buch dem Kohl in all seinen Varianten wieder zu mehr Ansehen zu verhelfen. Gleichzeitig möchte ich auch die Bauern motivieren, vermehrt alte Sorten, wie den Federkohl/Grünkohl, aber auch neue, wie den Stängelkohl/Cima di Rapa, anzubauen. Und Ihnen, liebe Leserinnen und Leser, wünsche ich viel Vergnügen, Genuss und Gaumenfreuden mit der abwechslungsreichen Kohlküche.

Erica Bänziger

VON KOHLKÖPFEN, KAPPES UND KRAUT

Komplizierte Familienverhältnisse und Vorzüge en masse

Komplizierte Verwandtschaftsverhältnisse – so lassen sich die Familienbande der Kohlarten beschreiben. Zur großen Familie der Kreuzblütler gehören nämlich nicht nur Kohlköpfe, sondern auch Rüben-, Rettich- und Senfgewächse, Raps und Rauke. Erstaunlich, wieviele Kohlarten die botanische Bezeichnung Brassica (lateinisch für Kohl) tragen: Weißkohl/Weißkabis, Wirsing/Wirz, Rotkohl/Rotkabis, Rosenkohl, Grünkohl/Federkohl, Blumenkohl, Brokkoli, Kohlrabi, Steckrübe, Chinakohl, Schantungkohl, Senfgemüse, Japankohl. Auch Brunnen- und Gartenkresse, Rettich und Radieschen, Meerrettich, Rucola, Meerkohl, Mairübe und Teltower Rübchen zählen zu den Kohlpflanzen.

Die meisten der zahlreichen, «echten» Kohlarten gehen auf die Wildform Brassica oleracea bzw. erratica zurück, die in nord-, west- und südeuropäischen Küstengebieten heimisch ist. Schnitt- und Stängelkohl, Meerkohl, Steck- und Wasserrüben sowie die asiatischen Sorten Chinakohl und Pak Choi stammen von anderen Brassicaarten ab. Das vorliegende Kochbuch widmet sich quasi dem engsten Familienkreis: dem Weißkohl/-kabis, Rotkohl/-kabis, Wirsing/Wirz, Grünkohl/Federkohl, Blumenkohl, Rosenkohl und Brokkoli aus der Gruppe der *Brassica oleracea* und dem China-kohl/Pak-Choi und Cima di Rapa/Stängelkohl aus der Gruppe der *Brassica rapa*.

Kohl, Kraut, Kappes oder Kabis, lat. Caulis, ist eine ausgesprochen wertvolle und wohl die älteste und wichtigste Gemüsepflanze Europas. Schon in der Jungsteinzeit sollen sich die Menschen mit Hilfe des Vitamin-C-reichen Kohls durch den Winter gebracht haben. Nahrhafte Kohlsuppe und -eintopf haben schon die Kelten aufgetischt, die übrigens erfolgreiche Kohlbauern waren. Nicht umsonst halten sich traditionelle Kohlgerichte nirgends hartnäckiger als in England.

Seit der Antike gibt es schriftliche Belege der Kohlkochkünste zuhauf. Sie lesen sich durchgängig amüsant und zeugen von viel praktischem Nutzen. *Wenn du auf einem Bankett viel trinken und das Mahl genießen willst, iss vor dem Essen so viel rohen Kohl mit Essig, wie du willst,* weiß beispielsweise der Römer Cato – nichts Neues aus Sicht der Ägypter, die ihrerseits bereits auf den Kohl als Kater-Killer setzten. Auch Ärzte und Kräuterkundige ließen auf den Kohl nichts kommen. *Wer kann und mag alle Kraft und Tugend des gemeinen Cappeskrautes erzählen?* heißt es in Hieronymus Bocks berühmtem «Kreuterbuch» aus dem Jahre 1551, und weiter: *Oder ist auch irgend ein bräuchliches Küchenkraut in Germania, das jedermann, ja auch dem Rindvieh annehmiger sei dann das Cappes?* Wie immer finden sich unter all den Lobpreisungen auch ein paar kritische Stimmen, wie z. B. diejenige Richard Burtons (1577–1640), des Autors der «Anatomy of melancholy: *Unter allen essbaren Pflanzen finde ich Flaschenkürbisse, Gurken, Kohl und Melonen abzulehnen, aber besonders Kohl. Er verursacht Alpträume und lässt schwarze Dämpfe in das Hirn steigen …*». Na ja, mit den Dämpfen ist das so eine Sache, nicht ganz von der Hand zu weisen …

Bis zum Durchbruch der Kartoffel im 19. Jahrhundert gab es einfach nur Kraut und Kohl, die den Menschen in Zeiten des Mangels und der Not lebenswichtige Vitamine und Mineralstoffe lieferten. Allem voran haben Weiß- und Rotkohl, Sauerkraut (eingelegter Weißkohl) und andere Kohlarten den Vorteil, dass sie sich sehr lange und sehr gut lagern lassen und dabei ihre hohe Vitaminkonzentration behalten. Selbst beim Kochen – Kohl wurde früher stundenlang, wenn nicht den ganzen Tag gekocht – erweisen sich die Kohlgewächse als Musterknaben, indem lediglich die Hälfte der Vitamine und Mineralien verloren geht, sich der Vitamin-C-Anteil jedoch sogar noch erhöht. Wo gibt's das sonst? Kein Wunder, dass früher Sauerkrautfässer und Kohlköpfe als Schiffsproviant und oft einzige Maßnahme gegen Skorbut um die ganze Welt segelten.

Die Gewächse sind derart gesund, dass sie als Heilnahrung gelten. Kohlblätter und Kohlsaft besitzen so viel Heilpotential, dass sie zu den Stars der überlieferten Kräutermedizin und Hausapotheke zählen. Aus diesem Grund widmen wir Dr. Kohl ein Extra-Kapitel. Auf die Vorzüge der einzelnen Kohlsorten, ihre Besonderheiten und Inhaltsstoffe gehen wir in den nachfolgenden Pflanzenporträts näher ein.

Trotz all der Vorzüge steht es mit dem Ansehen des Universalgemüses in diesem letzten Jahrhundert des Jahrtausends nicht zum Besten. Da ist zum einen das Naserümpfen über den unangenehmen schwefelhaltigen Geruch, der sich beim längeren Kochen freisetzt, und zum anderen der Odem von Armut, Derbheit, Bäuerlichem und Billigem. Sauerkraut mit Kohlwurst, Grünkohl mit Pinkel, Kohlsuppe oder Krautwickel gehören zum Deftigsten und Bodenständigsten, was die ländlichen Regionalküchen zu bieten haben. Auch die Sprache spiegelt das wieder: *So ein Kappes/Kabbis* ist mit *so ein Mist* zu umschreiben. Als *Kohlkopf* oder *Krautkopf* lässt man sich nicht gern betiteln, spricht das doch nicht gerade für Intelligenz und Raffinement; gleiches gilt für den Ausdruck *sich verkohlen lassen.* Frauenbeine als *Krautstampfer* zu klassifizieren, ist ebensowenig ein Ausdruck der Wertschätzung, als es gazellenhafte Grazie meint; und schließlich zeugt das Wort *Kraut*, mit dem mitunter Franzosen und Engländer (ursprünglich in Kriegszeiten) Deutsche bezeichnen, nicht von ausgesprochener Sympathie. Ach ja, und *Kohldampf haben* ist auch nicht die vornehmste Art, auf seinen Appetit hinzuweisen.

Nichtsdestotrotz: Der Kohl kehrt zurück. Vielleicht gerade, weil er so gar nicht exotisch, sondern um so mehr ländlich-frugal ist. Die Sortenvielfalt war jedenfalls nie so groß wie heute, und Spitzenköche erinnern sich wieder seiner inneren und äußeren Werte. Nicht immer sind es übrigens die großen Kopfblätter (z.B. bei Weiß-, Rotkohl, Wirsing), die gegessen werden. Bei manchen Sorten sind es die Blütenstände (Blumenkohl, Romanesco, Brokkoli) oder die verdickten Sprossenachsen (Kohlrabi, Brokkoli), die man verzehrt. Die Zubereitungsarten und Geschmackskombinationen haben sich heute geändert. Es müssen nicht immer Speck, Kümmel oder Wacholderbeeren die

idealen Begleiter sein, obwohl sie durchaus ihre Berechtigung haben. Die beiden Gewürze helfen nämlich, Blähungen in Schach zu halten.

Schon im späten Mittelalter hat man mit Kohl raffiniert gekocht, wie ein englisches Eintopfrezept zeigt: Man nehme geschnittenen Weißkohl, koche ihn in Wasser mit Markknochen, Lauch und Zwiebeln, Kräutern und Gewürzen, insbesondere Safran, und gebe reichlich Butter daran. In diesem Sinn viel Spass und Wohlbefinden bei der Kohlküche. Und denken Sie daran, was ein Feinschmecker mit feiner Nase gesagt hat: Wenn man den Kohl riechen kann, kocht er bereits zu lange.

KOHL IN DER NATURHEILKUNDE

Allheilmittel und Aberglaube

Die überlieferte Volksmedizin weiß viel über den Kohl zu berichten. Sein Stellenwert ist außerordentlich hoch. Ein Gesetz, das im Jahr 621 v. Chr. im antiken Griechenland erlassen wurde, bringt dies zum Ausdruck: Es forderte die Todesstrafe für jeden, der Kohl stahl. Kohl war ein bevorzugtes Nahrungsmittel, das, wenn man ordentlich davon aß, Geisteskrankheiten und nervöse Störungen beheben sollte. Zahlreiche weitere abenteuerliche und abergläubische Heilvorstellungen ranken sich um das Gemüse. Einer alten Überlieferung zufolge sollte man sich z. B. Kohlblätter auf die Stirn legen, wenn ein Freitag auf den 13. Tag des Monats fällt. Dies würde das Böse vertreiben. Selbstverständlich schütze der blutreinigende, entgiftende und den Stoffwechsel fördernde Kohl auch vor Alpträumen, wenn man ihn vor dem Abendessen zu sich nähme. Phytagoras, Plinius, der ältere Cato und viele andere Geistesgrößen der Antike sind des Lobes voll über den guten Kohl – und haben damit größtenteils recht. Die moderne Medizin und wissenschaftliche Pflanzenheilkunde (Phytotherapie) können inzwischen viele der angenommenen Heilwirkungen bestätigen.

Saft und Rohkost

Die Naturheilkunde sieht in Kohl und Kohlsaft ein probates Mittel gegen Magengeschwüre. In der Tat wurde seine positive Wirkung in dieser Hinsicht bestätigt. Und mehr: Der häufige Verzehr von vornehmlich rohem Kohl bzw. Kohlsaft hat sich in Studien, die in mehreren Ländern durchgeführt wurden, als krebsvorbeugend erwiesen. Darmkrebs, Krebs im Mund- und Rachenraum, in der Speiseröhre und in der Schilddrüse würden demnach weniger häufig auftreten. Auch auf Brustkrebs und andere hormonabhängige Tumore hat Kohl, insbesondere Rosen- und Blumenkohl, einen positiven Einfluss. Die Wirkstoffe, denen die Krebsabwehr zu verdanken ist, sind vor allem Indole, Dithiolthione und Glucosinolate (Senföle), die bei allen Kreuzblütler-Gemüsen vorkommen, sich aber im Kohl am stärksten entfalten. Unter den krebshemmenden Nahrungsmitteln rangieren die Kohlgewächse mit Olivenöl und grünem Tee auf dem ersten Platz.

Wickel und Auflagen

Pfarrer Kneipp war ein großer Verfechter von Kohlauflagen. Er verordnete sie bei Wunden, Brandwunden und entzündeten Gliedern. Die Anwendung von Auflagen aus gestampften bzw. gewalzten Kohlblättern bei schlecht hei-

lenden Wunden, Geschwüren, Quet-
schungen, offenen Beinen, Entzündun-
gen, Angina, Leberinfektionen, Arthritis
u. a. ist schon sehr alt, wird aber auch
heute mit Erfolg durchgeführt. Als weit
verbreiteter «Geheim»-Tipp gilt der Kohl-
wickel unter Tennisspielern, wenn der
Tennisellbogen oder die Achillessehnen
schmerzen. Während 7 bis 10 Nächten
aufgelegt, macht er so manche Physio-
therapie überflüssig.

Dabei nimmt man die grünsten und
dicksten Blätter des Weißkohl/-kabis
oder des Wirsings/Wirzes, weil sie am
meisten Wirkstoffe enthalten. Die ganzen
Kohlblätter werden einzeln abgebrochen,
gründlich gewaschen und die Mittelrippe herausgeschnitten. Die Blätter mit
einem Nudelholz oder einer Flasche
weich walzen. Man schichtet die – nach
Belieben erwärmten – Blätter übereinander, legt sie auf die betreffende
Körperstelle und deckt sie mit einem
Tuch ab oder fixiert sie mit einem Ver-
band. Die Auflagen wirken ähnlich wie
ein Zugpflaster und ziehen Giftstoffe
aus dem Körper heraus, wobei sie
manchmal eine starke Reaktion hervor-
rufen können. Logischerweise unter-
stützen also Leberwickel aus Kohlblättern die Leber bei ihrer Entgiftungsar-
beit, vor allem, wenn sie vormittags
aufgelegt werden.

Auf dem Speiseplan

Nach Kneipps Ansicht – und da steht er
beileibe nicht allein – sollte man auch in
der Küche den Kohl so oft als möglich
verwenden. Dies war sicher ein guter
Tipp, wenn man bedenkt, dass es zu

Kneipps Zeiten noch nicht die ganz-
jährige Fülle an vitaminreichen Früchten, Gemüsen und Salaten im Handel
gab, über die wir heute verfügen. Inso-
fern hat er also doppelt recht, Kohl als
eines der «allergesündesten Nahrungsmittel» zu bezeichnen. Kneipp scheint
selbst ein begeisterter Sauerkrautesser
gewesen zu sein, denn seine Empfeh-
lung bei hartnäckiger Verstopfung und
Würmern lautete «Dreimal täglich
Sauerkraut». Basischer Sauerkrautsaft
hilft übrigens auch bei Sodbrennen.

Kohlgerichte sollten zwar häufig auf
dem Speiseplan stehen, aber nicht
immer. Übermäßiger Kohlgenuss kann
des Guten zuviel sein und sogar scha-
den. Thiocyanat-Verbindungen im Kohl
können Schilddrüsenbeschwerden und
Kropf verursachen, indem sie unter Um-
ständen die Jodaufnahme des Körpers
beeinträchtigen.

Im Gegensatz zu den selten ausgelösten Schilddrüsenproblemen kommen
Blähungen nach Kohlverzehr häufig vor.
Um diese Plage im Keim zu ersticken,
empfiehlt es sich, Kohlgerichte mit einem
verdauungsanregenden Gewürz oder
Kraut zu würzen, z. B. mit Ingwer, Curry,
Fenchelsamen, Kümmel oder Kardamom.

KLEINE KOHLKUNDE

Die wichtigsten Kohlsorten mit und ohne Kopf

WEISSKOHL / WEISSKABIS

Brassica oleracea var. capitata

Synonyme

Weißkraut, Kabis, Kappes, Kraut

Herkunft und Geschichte

Die Urheimat des Weißkohls sind der Mittelmeerraum und Vorderasien. Wie seine engsten Verwandten, der Rotkohl und Wirsing, bildet der Kohl einen großen, festen, leicht glänzenden Kohlkopf aus enganliegenden, weißlich-grünen Blättern aus. Dieser Kopf ist das Lieblingsgemüse der Ernährungsbewussten und das Wundergemüse der Naturheilkunde und Präventivmedizin. Der Kopf ist rundum eine geballte Ladung Gesundheit. Über Jahrtausende hat er die Menschen von Peking bis Rom mit wertvollen, oft lebenswichtigen Vitaminen und Mineralstoffen im Winter versorgt. Im Mittelalter war es selbstverständlich, dass Weißkohl in jedem Bauern- und Klostergarten angebaut wurde. In Deutschland standen Weißkohlgerichte, insbesondere Sauerkraut, in Kriegszeiten so häufig auf der Tagesordnung, dass das milchsauer vergorene Weißkraut, das Sauerkraut genannt wird, als urdeutsch eingestuft wird, obwohl das nicht zutrifft. Sauer- und Weißkrautgerichte spielen in vielen Küchen anderer Nationalitäten ebenfalls eine große Rolle.

Weißkohl gedeiht in allen europäischen Ländern sehr gut, vor allem in den mittel- und nordeuropäischen. Denn es gefällt ihm überall, wo es genügend Niederschlag gibt. Obwohl er ein typisches Wintergemüse mit übrigens ausgezeichneten Lagerqualitäten ist, wird Weißkohl heute ganzjährig angeboten. Besonders zart schmecken die jungen Frühjahrskohlköpfchen, die einen besonders hohen Anteil an wertvollen Vitalstoffen aufweisen. Die gewichtigen Kohlriesen kommen erst im Oktober auf den Markt. Biokohl ist immer vorzuziehen, da er im Gegensatz zu Weißkohl aus herkömmlicher Produktion deutlich weniger Nitrat enthält.

Nährwert

Die Inhaltsstoffe machen den Kohl so wertvoll. Dazu zählen in erster Linie Vitamin C, E, K, die Mineralstoffe Kalium, Kalzium, Magnesium und Eisen. Der Gehalt an Selen ist so hoch, dass eine Portion Weißkraut den Tagesbedarf abdeckt. Eine Besonderheit des Kohls ist, dass das Vitamin C als Vorstufe (Ascorbigen) vorkommt, die erst durch das Kochen zu Ascorbinsäure/ Vitamin C umgewandelt wird. Dadurch wird das Unglaubliche möglich, dass sich der Vitamin-C-Anteil beim Kochen sogar erhöht. Weitere wertvolle Inhaltsstoffe sind die Senföle, die antibiotische Wirkkräfte haben. Bei Kropf sollte man jedoch wegen der Senföle nicht übermäßig Weißkohl essen (über 400 g/ Tag), da sie die Jodaufnahme hemmen.

Weißkohl / Weisskabis
Brassica oleracea var. capitata

Insgesamt wirkt sich Kohl günstig auf Verdauung, Immunsystem, Gedächtnis und Nerven aus.

Sauerkraut hat durch die rechtsdrehenden Milchsäurebakterien einen ausgesprochen positiven Einfluss auf die Darmflora, es wirkt gegen eine Übersäuerung des Magens, entschlackt, tötet Bakterien ab und fördert die Kalziumaufnahme im Körper. Die Naturheilkunde schwört auf die vielfältigen gesundheitlichen Vorzüge des leicht verdaulichen, kalorienarmen und – entgegen der landläufigen Meinung – ganz und gar nicht Gase provozierenden sauren Krauts.

Verwendung

Außer in der Volksmedizin werden Weißkohl- und Sauerkrautsaft nirgends eingesetzt. Weiß- und Sauerkraut werden als Gemüse, Kuchenbelag und Gemüsehülle sowie als Eintopf- und Suppenbestandteil verwendet. Dazu werden sie gekocht oder gedämpft. Rohe Krautsalate kennt man vornehmlich in griechischen und jugoslawischen Küchen. Typische Kohlgerichte wie der russische Bigos, der österreichische Krautstrudel, deutsches Eisbein mit Sauerkraut, Elsässer Choucroute garnie, Irish Stew oder die Berner Platte vermählen Kraut gern mit schweren Zutaten, Speck und viel Fleisch, während in der modernen, leichten Küche das äußerst kalorienarme Kraut auch ganz anders kombiniert wird – wobei es nicht zwangsläufig durch Champagner geadelt werden muss. (Zum Thema Sauerkraut siehe «Kochen mit Sauerkraut und Sauerrüben», Midena Verlag 1997.)

Lagerung

Der Winter- oder Dauerkohl hält sich bei einer Lagerung um den Gefrierpunkt und bei ca. 95% Luftfeuchtigkeit den ganzen Winter über, mindestens 6 Monate. Im Gemüsefach des Kühlschranks oder im kühlen Keller kann man ihn einige Wochen aufbewahren. Die beste und gesündeste und zugleich älteste Art, Weißkohl haltbar zu machen, ist das Einsäuern. Dabei werden Weißkohlköpfe fein aufgeschnitten oder gehobelt und eingesalzen in Bottiche gefüllt. Mit Gewichten beschwert, lagert das eingesalzene Kraut luftdicht verschlossen. Dabei kommt es zur Gärung, die durch natürliche Bakterien und Hefen ausgelöst wird. Während dieses wochenlangen Gärprozesses wird Zucker zu Milch- und Essigsäure vergoren, was dem Sauerkraut sein spezielles Aroma verleiht. Nicht sterilisiert hält es bis zu 9 Monaten im Fass bei kühler, dunkler Lagerung.

Verwandte

Der Spitzkohl ist eine Spielart des Weißkohls. Sein Kopf läuft, wie der Name verrät, spitz zu und sein Blattkleid sitzt nicht ganz so fest. Er ist im Frühjahr und Frühsommer auf dem Markt. Kohlliebhaber sollten ihn ausprobieren, da er einfach in allem seinem runden Konkurrenten eine Nasenlänge voraus ist – nicht nur, dass er noch gesünder, weil noch vitalstoffreicher als der Winterkohl ist, auch im Geschmack ist er feiner und noch leichter zu verdauen.

Rotkohl / Rotkabis
Brassica oleracea var. capitata rubra

ROTKOHL/ ROTKABIS

Brassica oleracea var. capitata rubra

Synonyme
Rotkraut, Blaukraut, Roter Kappes, Rotkabis

Herkunft und Geschichte
Der mit Wirz und Weißkohl verwandte Rotschopf stammt ursprünglich aus Kleinasien. Schon im Mittelalter war er ein in Nordwesteuropa beliebtes Gemüse, heute ist er in ganz Europa heimisch und ganzjährig erhältlich. Der Bedarf an Rotkohl kann weitgehend mit inländischer Ware gedeckt werden.

Die dekorativen Blätter machen den starkzehrenden roten Kohl zu einer Schönheit im Gemüsegarten, und er wird mehr und mehr auch für das Blumenbeet bzw. den Ziergarten entdeckt. Seine Farbe verdankt er dem wasserlöslichen Farbstoff Anthokyan, weshalb er beim Kochen in Wasser blau wird. Durch die Zugabe von Säure (etwas Essig oder Zitronensaft) wechselt er wieder zu rot.

Nährwert
Der Rotkohl weist eine ähnlich hohe und wertvolle Zusammensetzung der Vitamine, Mineralien und Spurenelemente auf wie der Weißkohl, wobei er etwas leichter verdaulich ist. Bei empfindlichem Magen oder Darm sollte man ihn jedoch ebenfalls mit Kümmel, Kreuzkümmel oder Ingwer würzen.

Verwendung
Langes Kochen schadet seinem Geschmack nicht, im Gegenteil. Rotkraut wird erst richtig gut, wenn es lange genug im Topf geköchelt hat. Traditionell wird es dabei von süßen, sauren und winterlich-exotischen Zutaten begleitet: Zitrusfrüchte, Ananas, Preiselbeeren, Äpfel, Quitten, Dörrpflaumen, Johannisbeergelee, Rosinen oder Esskastanien auf der fruchtigen Seite und Zimt, Nelken, Wacholderbeeren, Piment, Sternanis oder Kardamom auf der Gewürzseite. Entsprechend diesen Geschmacksnuancen passt es zu Wild, kräftigen, dunklen Braten und Wildgeflügel. Roh und fein aufgeschnitten sind die von den Blattrippen befreiten Blätter eine herzhafte Rohkostvariante.

Lagerung
In guten, recht kalten Naturkellern, am besten in einer Miete, monatelang. Ans Wochen.

WIRSING/WIRZ

Brassica oleracea var. sabauda

Synonyme
Wirz, Wirsching, Welschkohl, Wersich, Pörschkohl, Savoyer Kohl

Herkunft und Geschichte
Neben Weiß- und Rotkohl ist der Wirsing der dritte im Bunde der Kohlsorten mit Köpfchen (Capitata-Gruppe), wobei die seinen kleiner und kraus sind. Man unterscheidet Früh-, Sommer- und Spätsorten sowie den schwereren Lagerwirsing.

Wirsing stammt aus dem nördlichen Mittelmeerraum und wurde erstmals im 16. Jahrhundert in verschiedenen Schriften erwähnt. Er ist an sich ein typisches Wintergemüse – er übersteht Fröste bis minus 12 °C problemlos -, ist aber mittlerweile das ganze Jahr über erhältlich.

Wirsing / Wirz
Brassica oleracea var. sabauda

Er gedeiht in Mittel-, West- und Osteuropa prächtig. Die größten Produzenten sind Russland, Polen, Rumänien, China, Japan und Korea.

Nährwert

Wirsing enthält wie die anderen Kohlsorten Eiweiß, Kalzium, Eisen, Kalium, Phosphor, Magnesium, Betacarotin, Vitamin C und E. Sein Vitamin-C-Gehalt ist beispielsweise so hoch wie der von Grapefruits.

Verwendung

Feinschmecker ziehen den Frühlingswirsing vor, der sich sowohl als junges Kohlgemüse als auch als Salat ganz vorzüglich zubereiten lässt. Als Gemüse wird er nur wenige Minuten gegart und ist besonders zart. Die dekorativen, intensiv grünen Blätter machen Wirsing zur idealen Hülle von Rouladen/Krautwickeln sowie zur Zutat vieler klassischer Eintopfgerichte (Irish Stew, Pot au feu, Minestrone). Wirsing wird wie Weißkohl verwendet, übertrifft diesen aber im Geschmack. Wie Weißkohl kann man auch den Winterwirsing für Rohkost fein schneiden, eventuell blanchieren und mit einer Senfmarinade «gefügig» machen. Die äußeren harten Blätter und der Strunk werden entfernt. Unter den Gewürzen harmonieren mit ihm besonders Knoblauch, Kümmel, Lorbeer, Muskatnuss, Rosmarin und Thymian.

Lagerung

Wirsing lässt sich weniger gut lagern als Weiß- und Rotkohl. Früher Wirsing ist nur sehr kurz, wenige Tage, im Gemüsefach des Kühlschranks lagerfähig. Späte Sorten halten durchaus ein paar Wochen, wenn nicht Monate im kühlen Keller.

GRÜNKOHL/ FEDERKOHL

Brassica oleracea convar. acephala var. sabellica

Synonyme

Federkohl, Braunkohl, Krauskohl, Blattkohl, Pflückkohl, Winterkohl

Herkunft und Geschichte

Grünkohl, der ebenfalls aus dem Mittelmeerraum stammen soll, ist das Nordlicht unter den Kohlsorten. Die dichten, gekräuselten Blätter des ausgesprochen vitaminreichen Kohls haben vor allem den Norden Deutschlands erobert. Dort wird Grünkohl, am besten durch den Fleischwolf gedreht, traditionellerweise mit gepökeltem oder geräuchertem Schweinefleisch bzw. Wurst und Hafergrütze verzehrt (Kohl und Pinkel, eine Bremer Spezialität). Auch in Schottland und England kennt man solche deftigen Grünkohlgerichte schon seit dem Mittelalter. Es war üblich, ihn stundenlang oder den ganzen Tag zu kochen, was nicht nur die Luft mit Kohlgeruch schwängerte, sondern auch seine Farbe ins Braune veränderte, was sich im Namen Braunkohl widerspiegelt.

Den schönen, kopflosen Blattkohl kann man gut im Garten ziehen. Er ist ein anspruchsloses, aber sehr potentes Wintergemüse, das Frost bis minus 10 °C verträgt und ab Mitte November geerntet wird. Der Frost verbessert seinen Geschmack, indem sich dabei Stärke teilweise in Zucker umwandelt. In der Schweiz, wo er unter dem Namen Federkohl bekannt ist, und im süddeutschen Raum ist Grünkohl von relativ geringer Bedeutung, was angesichts

Grünkohl / Federkohl

Brassica oleracea convar. acephala var. sabellica

seiner gesundheitlichen Vorzüge bedauerlich ist.

Nährwert

Grünkohl ist aufgrund seiner hohen Dichte an Biostoffen eines der wertvollsten Gemüse überhaupt. Von allen Kohlsorten enthält er am meisten Kalzium und Eiweiß, wobei 100 g Grünkohl etwa so viel Kalzium wie ein Glas Milch enthalten, weshalb er bei Osteoporose häufig auf den Tisch kommen sollte. Außerdem ist Grünkohl reich an Magnesium, Kalium und Eisen sowie an Betacarotin, Vitamin C und E. Dank dieser Kombination ist das Gemüse ein hervorragender Gegenspieler von freien Radikalen.

Verwendung

Grünkohl hat ein ziemlich kräftiges Aroma, das zu Kartoffeln, Hülsenfrüchten, Wurzelgemüse und Speck passt. Er lässt sich aber genauso gut italienisch (mit Olivenöl, Pasta, Paprika, Fisch, Zitrone) sowie asiatisch (mit Curry, Kurkuma, Koriander u. a.) zubereiten. In jedem Fall sollte man ihn nicht so lange kochen wie anno dazumal, also nicht so lange, bis er braun wird. Außerdem sollte man ihn möglichst frisch verwenden. Die Blätter werden von Hand abgebrochen oder mit einem Messer abgeschnitten. Dicke Blattrippen werden entfernt. In der Regel wird Grünkohl in feine Streifen geschnitten und je nach Gericht weiterverarbeitet.

Lagerung

In einen Plastikbeutel verpackt, kann man Grünkohl einige Tage im Gemüsefach des Kühlschranks aufbewahren.

Verwandte

Es gibt violett, silbrig und schwarz gescheckte Grünkohlarten. Obwohl der Schwarzkohl oder der violette Grünkohl meistens als Zierkohl klassifiziert werden, sind sie alle essbar, ja schmackhaft. Schwarzkohl gilt auf Elba und in der Toskana als Spezialität und wird als Füllung von Lasagne und Cannelloni oder in Olivenöl gedünstet zu Teigwaren verwendet.

ROSENKOHL

Brassica oleracea var. gemmifera

Synonyme

Brüsseler Kohl, Sprossenkohl, Rosenwirsing, Brabanter Kohl

Herkunft und Geschichte

Der kleinste Spross der Kohlfamilie soll vor 150 Jahren in Belgien aus einem Wildkohl gezüchtet worden sein, von daher erklärt sich auch der Name Brüsseler Kohl. Die schmackhaften grünen Röschen mit den eng anliegenden Blättern wachsen an den Blattachsen der ca. 60 bis 80 cm hohen, starkzehrenden Pflanze.

Rosenkohl ist im Vergleich zu den anderen Kohlgewächsen eine ziemlich junge, spät entdeckte Sorte, die, abgesehen von der kohlbegeisterten Polen, vor allem in Westeuropa und Norddeutschland angebaut wird. Im südlichen Europa hat er praktisch keine Bedeutung. Dies hängt sicher auch damit zusammen, dass die Röschen der winterharten Gemüsesorte erst nach dem ersten Frost richtig gut schmecken. Sie sind dann leichter verdaulich und enthalten mehr Zucker und weniger Stärke. Von Oktober bis März ist frischer Rosenkohl im Handel, in den restlichen Monaten handelt es sich um Tiefkühlware.

Rosenkohl
Brassica oleracea var. gemmifera

Nährwert

Rosenkohl ist wie Brokkoli besonders reich an Vitamin C, Kalium, Eisen und Zink und enthält den höchsten Anteil an Eiweiß- und Ballaststoffen unter den Kohlsorten.

Verwendung

Das vielseitige Gemüse ist dank seiner schönen, geschlossenen Form und intensivgrünen Farbe immer ein Augenschmaus, ob solo oder in «Gesellschaft». Es verträgt sich u. a. mit Kastanien, Speck, Zitrusfrüchten, Senfkörnern, Walnüssen/Baumnüssen, Sesam, Knoblauch und Chili. Die Röschen werden geputzt, am Strunk kreuzweise eingeschnitten und ganz kurz, am besten nur 5 Minuten, im Dampf oder in der Gemüsebrühe gegart. Besonders schön grün glänzen sie, wenn man sie in Zucker oder Honig glasiert. Als Salat ist Rosenkohl nicht weniger fein, entweder ganz und gekocht oder roh und fein aufgeschnitten, gemischt mit Rucola.

Lagerung

Rosenkohl sollte so frisch wie möglich verzehrt werden. Im Kühlschrank hält er sich nur wenige Tage. Bei einer Lagerung um den Gefrierpunkt und einer hohen Luftfeuchtigkeit (90–95%) kann er bis 8 Wochen aufbewahrt werden. Blanchiert und tiefgefroren hält er sich ein Jahr.

BROKKOLI

Brassica oleracea var. botrytis italica

Synonyme

Spargelkohl, Grüner Blumenkohl, Sprossenkohl, Bröckelkohl

Herkunft und Geschichte

Der schöne Grüne ist ein Vorfahr des Blumenkohls. Er bildet im Gegensatz zu diesem keinen festen Einzelkopf, sondern Trauben loser Blütenstände am Ende zahlreicher Seitentriebe, die vom Hauptstrunk abzweigen und mehrmals im Jahr geerntet werden. Schon bei den Römern galt der Sprossenkohl als Delikatesse unter den «Köhlern», was sich bis ins heutige Italien, vor allem im Süden, fortgesetzt hat. Kulinarisch sind die essbaren Stängel und Strünke bei Spargel, die Blätter bei Spinat mit Wirsinggeschmack und die Blütenstände bzw. Röschen bei Blumenkohl anzusiedeln.

Als Kalabreser Kohl hat der aus dem südöstlichen Mittelmeerraum/Vorderasien stammende Brokkoli in der modernen Ernährung Geschichte gemacht, indem er die Supermärkte in Ost und West mit links in Beschlag nahm. Das ist der Brokkoli, den die allermeisten kennen. Dieser Kalabreser Designer-Kohl, der das Lieblingsgemüse der USA sein soll, hat im Gegensatz zum echten Sprossenbrokkoli, dessen Name sich von italienisch *broccolo* (Kohlsprosse) herleitet, große grüne fotogene Köpfe. Hauptanbauländer sind neben Italien Frankreich und Spanien. Bislang steigt Kalabreser Brokkoli in der Gunst der Verbraucher immer noch ungebrochen an, seit kurzem ist auch eine violette Spielart im Handel. Von Juni bis Oktober kommt Brokkoli aus einheimischer Produktion.

Nährwert

Brokkoli ist eines der gesündesten Gemüse überhaupt: Er zählt zu den Top-Ten der carotinreichen Gemüsesorten, wirkt entwässernd und blutdruckregulierend, ist ein wertvoller Radikalfänger und enthält, ähnlich dem Grünkohl, vie-

Brokkoli

Brassica oleracea var. botrytis italica

le lebenswichtige Vitalstoffe und natürliche Antioxidantien. Seine Schutzwirkung und Bedeutung für die Gesunderhaltung ist sehr groß: Studienberichten zufolge reicht sie von Arteriosklerose bis zu Krebs. Wegen seiner guten Verdaulichkeit ist Brokkoli auch als Schonkost geeignet, sofern man nur die zarten Blütenstände, aber nicht die Stängel verwendet.

Verwendung

Das vielseitige Sprossengemüse ist als Gemüse, Salat und Suppe zu verwenden. Was die wenigsten wissen: Brokkoli kann man auch als Rohkost mit einem Dip bzw. einer Vinaigrette, Bagna Cauda oder Pinzimonio genießen. Die Kochzeit sollte wie bei den meisten Kohlsorten nicht zu lange sein, sie beträgt etwa 8 bis 12 Minuten. Verbreitet sich Schwefelgeruch, hat man den Brokkoli zu lange gekocht. In Asien wird Brokkoli kurz pfannengerührt. In (Süd-)Italien kennt man sehr viele Arten, Brokkoli zuzubereiten, z. B. in Weißwein, Olivenöl und Knoblauch gegart, mit Olivenöl, Knoblauch, Chili, Semmelbrösel und Käse überbacken oder mit Sardellen und Kapern vermischt. Außerdem passen nach Ansicht der alten Römer Kreuzkümmel, Pfeffer, Liebstöckel, Minze, Raute, Koriander, Pinienkerne und Muskatnuss zu dem schmackhaften Gemüse.

Lagerung

Frischer Brokkoli hat eine schöne, geschlossene dunkelgrüne Blume. Welke, sich gelb färbende Köpfe sollte man gar nicht erst kaufen. Im Kühlschrank bleibt Brokkoli ein paar Tage frisch. Die ideale Lagertemperatur beläuft sich wie beim Rosen- und Blumenkohl auf 0 °C bei hoher Luftfeuchtigkeit.

BLUMENKOHL

Brassica oleracea var. botrytis

Synonyme

Blütenkohl, Traubenkohl, Italienischer Kohl, Karfiol, Karviol

Herkunft und Geschichte

Beim strunklosen Blumenkohl wächst der gestauchte Blütenstand zu einer festen «Rose» bzw. «Blume» aus. Er zählt zu den beliebtesten Kohlgemüsen, insbesondere in Deutschland, dem Weltmeister im Blumenkohl-Verzehr. Ursprünglich stammt Blumenkohl aus Asien (China). Mit den Mauren gelangte er im Mittelalter nach Spanien, zwei Jahrhunderte später mit Kreuzrittern nach Italien. Heute wird er weltweit, insbesondere in Europa und Asien angebaut. Da Blumenkohl eine typische Zwischenfrucht ist, kommt er aus heimischer Produktion in den Monaten Mai/Juni und Oktober/November auf den Markt.

Nährwert

Blumenkohl ist das zarteste und am leichtesten verdauliche unter den Kohlgemüsen, was ihn als Schonkost auszeichnet. Wie auch andere Kohlsorten kann er eine vorbeugende Wirkung gegen Krebs für sich verbuchen sowie einen beachtlichen Reichtum an Vitaminen und Mineralsalzen, insbesondere Vitamin C, Folsäure und Kalium. Die Hälfte des Tagesbedarfs an Vitamin C lässt sich mit Blumenkohl decken.

Verwendung

Alle Blumenkohlarten werden gleich verwendet, wobei ihr Spektrum sehr breit ist: z. B. roh und fein gerieben oder als gekochte Röschen im Salat, in der Suppe, als Gemüse, als Püree u. a. Wichtig

Blumenkohl
Brassica oleracea var. botrytis

ist wie beim Brokkoli und Rosenkohl, dass Blumenkohl möglichst frisch verwendet wird, damit er seine geschmacklichen Vorzüge voll entfalten kann. Ob er nun ganz oder zerteilt und im Dampf oder im Milchwasser gekocht wird, bleibt jedem selbst überlassen. Bei einzelnen Röschen werden alle Teile gar. Die zarten Blätter lassen sich wie beim Brokkoli ebenfalls zubereiten und z. B. fein gehackt anstelle von Petersilie verwenden. Die klassischen Begleiter der Blumenkohlköpfe sind, je nach Land, Mandeln, Paniermehl, Knoblauch, Petersilie und Olivenöl, Sardellen und Butter, Senf, Kapern, Chili oder Käse, Muskat, Milch und süße Sahne/Rahm.

Lagerung

Der Blumenkohl ist im Gemüsefach des Kühlschranks ein paar Tage haltbar. Man kann ihn auch milchsauer bzw. in Essig einlegen.

Verwandte

Was erst in jahrhundertelanger Züchtung gelang, wird jetzt wieder in der «Originalversion» populär: Blumenkohl ist an sich nicht weiß oder elfenbeinfarben, sondern gelblich bis violett. Mit neuen Sorten kommt jetzt wieder mehr Lila ins Spiel, allerdings nur beim Rohverzehr. Beim Kochen verfärbt sich der violette Blumenkohl nämlich dunkelgrün. In Italien und Frankreich ist er weiter verbreitet als der weiße. Eine weitere Spielart stellt der grüne Blumen-, Türmchen- oder Minarettkohl dar, den man unter seiner italienischen Bezeichnung Romanesco kennt und der noch mehr Vitamin C, Kalzium und Eisen als sein weißer Bruder enthält.

Cima di Rapa / Stängelkohl

Brassica rapa var. cymosa

Synonyme

Rübenkohl

Herkunft und Geschichte

Der Stängelkohl ist eine schnellwüchsige Kohlspezialität Westeuropas, die ihre botanische Verwandtschaft mit dem Raps nicht leugnen kann. Im ausgewachsenen Zustand wird dieser Kohl bis zu einem Meter hoch und trägt goldgelbe Blüten. Meist ist er unter dem italienischen Namen Cima di Rapa geläufig. Das kommt daher, dass Stängelkohl in Italien die meisten Liebhaber und seine Hauptanbaugebiete (Apulien und Kampanien) hat, während er bei uns bislang kaum von Bedeutung war. Dies ist im Begriff, sich zu ändern: In größeren Supermärkten sowie auf Märkten hält das wohlschmeckende Gemüse Einzug. Cima di Rapa wird das ganze Jahr über angebaut; im Winter kommt sie aus Süditalien, im Sommer aus einheimischer Produktion. Sie lässt sich problemlos im Garten kultivieren, da sie 5 bis 7 Wochen nach der Aussaat bei einer Höhe von 25 bis 30 cm bereits geerntet werden kann.

Nährwert

Cima di Rapa verfügt über reichlich Vitamin C, B_6, Kalzium, Magnesium, Eisen und andere Mineralstoffe.

Verwendung

Cima di Rapa hat zwar einen ausgeprägt kräftigen Kohlgeschmack, ist dabei aber dennoch fein. Die ganze Pflanze wird verwendet, solange sie jung ist. Ältere, harte Blätter werden entfernt.

Cima di Rapa / Stängelkohl
Brassica rapa var. cymosa

Dicke Stängel werden wie Brokkolistängel geschält. Die ganze Pflanze wird in feine Streifen geschnitten. Die Garzeit beträgt 4 bis 5 Minuten.

Cima di Rapa verträgt sich sehr gut mit Olivenöl, Knoblauch und Pfefferschoten/Peperoncini, Teigwaren usw. Man kann sie auch gleich im Nudelwasser mitkochen. Gedämpfte Cima di Rapa ist übrigens auch eine delikate und ganz andere Beigabe zum Kartoffelsalat.

Lagerung

Bis zu einer Woche ist Cima di Rapa im Plastikbeutel im Gemüsefach des Kühlschranks haltbar.

Verwandte

Schnittkohl und Bremer Scherkohl, eine ostfriesische Kohlspezialität, werden wie Cima di Rapa verwendet und sind dieser in jeder Hinsicht ähnlich.

CHINAKOHL

Brassica rapa var. pekinensis

Synonyme

Chinesischer Kohl, Pekingkohl, Blätterkohl

Herkunft und Geschichte

Kreuzung aus Pak-Choi und Speiserübe. Wie sein Name verrät, kommt der Chinakohl nicht aus dem Mittelmeerraum wie die anderen Kohlsorten, sondern aus dem Reich der Mitte. Seine Heimat ist die Provinz Kanton im Norden Chinas, wo der Anbau von Chinakohl seit dem 5. Jahrhundert n. Chr. Tradition hat. Er ist neben dem Rettich das am meisten kultivierte Gemüse und spielt in China eine schier noch größere Rolle als der Weißkohl in Europa. Das heißt, im Winter ist er ein wesentlicher Vitamin-C-Lieferant. In Europa kennt man den Chinesischen Kohl erst seit Anfang des 20. Jahrhunderts. Noch vor den Sojasprossen ist er das in Europa bekannteste fernöstliche Gemüse. Dank seiner guten Verträglichkeit, guten Salateigenschaften sowie kurzer Kochzeit erfreut er sich immer größerer Beliebtheit. In unseren Breitengraden wird er in Italien, Spanien, Österreich, in den Niederlanden, in Deutschland und in der Schweiz angebaut. Er ist mittlerweile ganzjährig im Angebot. In den Monaten August bis Dezember kommt er aus heimischer Produktion. Er verträgt unser gemäßigtes Klima und Temperaturen bis minus 5 °C sehr gut, weshalb ihn Hobbygärtner schätzen. Die Blüten sind übrigens essbar.

Nährwert

Wie alle Kohlgewächse enthält er Vitamin C, allerdings nicht in so hoher Konzentration. Darüber hinaus verfügt er über Betacarotin, Vitamine der B-Gruppe, Vitamin D, viel Kalium, Eisen, Kalzium und Selen. Im Gegensatz zu manchem anderen aus der großen Kohlfamilie ist er ausgesprochen leicht verdaulich und als Diät- und Krankenkost geeignet. Beim Kochen geht etwa die Hälfte des Vitamingehalts verloren, beim Einlegen nicht.

Verwendung

Chinakohl ist sehr vielseitig. Er besitzt sowohl die Vorzüge des Kopf- und Endiviensalats als auch die des Weißkohls und Wirsings. Er macht sich gut als knackig-frische Rohkost, kurz gegart (max. 10 Min.) oder als Füllung. Im Geschmack ist er für Kohlverhältnisse sehr dezent und mild. Kräftig gewürzt, passt er gut zu Fischgerichten. Pfannengerührt ist er eine häufige Zutat in chinesischen

Wokgerichten. Wie sein naher Verwandter Pak-Choi verträgt er sich ausgezeichnet mit süßsauren Früchten (Ananas, Orange u. a.), Sojasauce, Erdnuss- und Sesamöl sowie starken Gewürzen (Knoblauch, Ingwer, Chili und Curry).

Lagerung
Im Kühlschrank bis zu einer Woche.

Verwandte
Zur großen Familie der Chinakohlarten gehören u. a. Senfkohl/Pak-Choi, Schantung-Kohl/Pe-Tsai und Japankohl, die wie der uns bekannte Chinakohl zubereitet werden. Der vom Aussehen her dem Mangold/den Krautstielen ähnliche Pak-Choi, Brassica rapa var. sinensis, ist das vitaminreiche Blattstielgemüse, aus dem der Chinakohl hervorgegangen ist. Er wird roh als Salat sowie pfannengerührt vor allem in der chinesischen Küche verwendet. Bis zu einer Woche ist er im Gemüsefach des Kühlschranks im Plastikbeutel haltbar.

Chinakohl
Brassica rapa var. pekinensis

Rezepte

SUPPEN	36 – 38
SALATE	39 – 48
HAUPTGERICHTE	51 – 82
AUS DEM OFEN	83 – 90

SPITZKOHLCREMESUPPE

- 🌿 1 EL Olivenöl extra nativ
- 🌿 50 g Speckwürfelchen, nach Belieben
- 🌿 1 kleine Frühlingszwiebel
- 🌿 1 Knoblauchzehe
- 🌿 1 Spitzkohl oder 1 junger Weißkohl/-kabis, ca. 350 g
- 🌿 50 ml/0,5 dl Weißwein
- 🌿 $^1/_2$ l Gemüsebrühe
- 🌿 $^1/_2$ l Milch
- 🌿 Meersalz
- 🌿 Pfeffer aus der Mühle
- 🌿 1 Prise geriebene Muskatnuss
- 🌿 1 Bund Petersilie
- 🌿 100 g/1 dl süße Sahne/Rahm

1. Den Spitzkohl halbieren, den Strunk entfernen, die Blätter in Streifen schneiden. Die Frühlingszwiebel und die Knoblauchzehe schälen und fein hacken. Die Petersilie ebenfalls fein hacken.

2. Speckwürfelchen, Zwiebeln und Knoblauch im heißen Olivenöl andünsten. Den Spitzkohl dazugeben und mitdünsten. Mit dem Weißwein, der Gemüsebrühe und der Milch aufgießen, die Suppe aufkochen und bei milder Hitze rund 12 Minuten köcheln lassen. Würzen. Die süße Sahne steif schlagen und unterziehen. Anrichten. Die Petersilie darüber streuen.

Variante: Anstelle der Milch kann auch süße Sahne verwendet werden, was sehr gut, aber etwas kalorienreich ist.

GRÜNKOHL-GERSTEN-SUPPE

- 🌿 1 EL Olivenöl extra nativ
- 🌿 1 kleine Zwiebel
- 🌿 200 g Grünkohl/Federkohl
- 🌿 60 g Gerste oder Grünkernschrot
- 🌿 1 TL mildes Currypulver
- 🌿 1 Prise scharfes Currypulver
- 🌿 1 Prise Korianderpulver
- 🌿 1 Prise Rosenpaprikapulver
- 🌿 1,2 l Gemüsebrühe
- 🌿 Kräutermeersalz
- 🌿 Pfeffer aus der Mühle
- 🌿 4 gehäufte EL Crème fraîche
- 🌿 $^1/_2$ Bund Petersilie

1. Die Zwiebel schälen und fein hacken. Den Grünkohl in feine Streifen schneiden. Die Petersilie fein hacken.

2. Zwiebeln und Grünkohl im heißen Olivenöl andünsten, die Gerste dazugeben und mitdünsten. Die Gewürze unterrühren, die Gemüsebrühe aufgießen, aufkochen und bei milder Hitze 20 bis 30 Minuten köcheln lassen. Mit Salz und Pfeffer abschmecken.

3. Die Suppe anrichten. Mit einem Esslöffel Crème fraîche und der Petersilie garnieren.

Abbildung rechts

BROKKOLISUPPE MIT BROTCROÛTONS UND ALFALFASPROSSEN

- 🌿 *1 EL Olivenöl extra nativ oder Butter*
- 🌿 *1 kleine Zwiebel*
- 🌿 *1 Knoblauchzehe*
- 🌿 *400 g Brokkoli*
- 🌿 *ca. 800 ml/8 dl Gemüsebrühe*
- 🌿 *100 g/1 dl süße Sahne/Rahm*
- 🌿 *Meersalz*
- 🌿 *Pfeffer aus der Mühle*

Brotcroûtons

- 🌿 *Olivenöl extra nativ*
- 🌿 *1–2 Knoblauchzehen*
- 🌿 *2 Scheiben Vollkorntoastbrot*

- 🌿 *1 Hand voll Alfalfa- oder Brokkolisprossen*

1. Die Zwiebel und die Knoblauchzehe schälen und fein hacken. Den Strunk des Brokkoli wegschneiden, schälen und würfeln. Die Blumen in Röschen teilen.

2. Zwiebeln, Knoblauch und Brokkoli im Olivenöl andünsten. Mit der Gemüsebrühe aufgießen, aufkochen, das Gemüse bei milder Hitze weich garen. Den Brokkoli samt Flüssigkeit pürieren, die Suppe in den Kochtopf zurückgießen.

3. Die Brotscheiben von der Rinde befreien, klein würfeln. Brotwürfelchen und durchgepressten Knoblauch in wenig heißem Olivenöl rösten.

4. Die Brokkolisuppe zusammen mit der süßen Sahne aufkochen, mit Salz und Pfeffer abschmecken.

5. Die Suppe anrichten. Mit den Brotcroûtons und den Sprossen garnieren. Sofort servieren.

Tipps: Einige Tropfen Limonenöl (Olivenöl mit Limonenaroma) machen die Brokkolisuppe sehr aromatisch. Die Rinde der Brotcroûtons für Brotbrösel/Paniermehl verwenden.

BROKKOLISALAT MIT GERÖSTETEN SESAMSAMEN

- 400–500 g Brokkoli

Marinade
- 2 EL Sojasauce
- 2 EL Reis- oder Sherryessig
- 2 EL Reiswein
- 1 TL flüssiger Honig (Akazienhonig)
- 2 EL kalt gepresstes Sesamöl
- 3 EL ungeschälte Sesamsamen
- 1 TL Meersalz
- $1/2$ TL fein geriebener frischer Ingwer

1. Den Strunk des Brokkoli wegschneiden, schälen und in Stäbchen schneiden. Die Blumen in Röschen teilen. Beides im Dampf rund 2 Minuten garen. Kalt abschrecken.

2. Die Sesamkörner in einer Bratpfanne ohne Fett rösten. Die Körner zusammen mit dem Meersalz in einem Mörser fein zerstossen.

3. Für die Marinade Sojasauce, Essig, Reiswein, Honig und Sesamöl gut verrühren. Sesammischung und Ingwer unterrühren.

4. Den Brokkoli mit der Marinade gut vermengen, 10 bis 15 Minuten ziehen lassen.

Tipp: Mit Blüten aus dem Garten, z. B. Ringelblumenblüten, garnieren.

SALAT VON CIMA DI RAPA UND AVOCADO

- 400 g Cima di Rapa/Stängelkohl
- 1 reife Avocado
- 6 entsteinte schwarze Oliven
- 100 g Ziegenfrischkäse, gewürfelt
- Blütenblätter von Ringelblumen

Sauce
- 2 EL weißer Balsamessig
- Pfeffer aus der Mühle
- Kräutermeersalz
- 4–5 EL Olivenöl extra nativ
- wenig abgeriebene Schale einer unbehandelten Zitrone
- 1–2 Knoblauchzehen

1. Die Salatsauce zubereiten. Die Knoblauchzehen schälen und dazupressen.

2. Von der Cima di Rapa für den Salat die zarten Blütentriebe und die zarten Blätter verwenden (den Rest für Pasta, siehe Seite 61, verwenden), diese sehr fein schneiden. Mit der Salatsauce vermengen, 15 Minuten ziehen lassen.

3. Die Avocado schälen, halbieren und den Kern entfernen, die Fruchthälften klein würfeln, zusammen mit den Oliven und dem Ziegenkäse unter den Salat mischen. Mit den Blütenblättern garnieren.

Cima di Rapa: Das rohe Gemüse ist leicht bitter, ähnlich der Brüsseler Endivie/dem weißen Chicorée.

WEISSKOHL-PAPRIKA-SALAT

- 500 g Weißkohl/-kabis
- $^1/_2$ l Gemüsebrühe
- je $^1/_2$ grüner, gelber und roter Gemüsepaprika/Peperoni
- entsteinte schwarze Oliven

Sauce
- 2 EL Weißweinessig
- Meersalz
- Pfeffer aus der Mühle
- 4 EL Olivenöl extra nativ

- fein gehackte Petersilie oder $^1/_2$ Bund Rucola, fein geschnitten
- geröstete Kürbiskerne
- 100 g fein gehobelter Grano Padano

1. Den Kohl putzen und fein hobeln, in der Gemüsebrühe 2 bis 3 Minuten garen, in einem Sieb abtropfen lassen.

2. Den Gemüsepaprika putzen und in sehr feine Streifen schneiden. Die Oliven in Ringe schneiden.

3. Die Sauce zubereiten, Gemüse, Oliven, Petersilie und Kürbiskerne dazugeben, gut vermengen. Den Salat anrichten, den Käse darauf verteilen.

Abbildung links

BLUMENKOHLSALAT

- 1 mittelgroßer Blumenkohl
- 1 kleiner roter Apfel
- 1 Birne nach Belieben
- 1 feste Banane
- 2 EL grob gehackte Walnuss-/ Baumnusskerne
- frische Pfefferminze

Sauce
- 1 Becher (180 g) Jogurt nature
- 1–2 EL Zitronensaft
- 2 EL Olivenöl extra nativ oder 2 EL kalt gepresstes Sonnenblumenöl
- 1 Prise Meersalz
- 1 Prise Currypulver
- 1 cm frische Ingwerwurzel

1. Die Sauce zubereiten. Die Ingwerwurzel schälen und auf der Bircher-Rohkostreibe dazureiben.

2. Den Blumenkohl in Röschen teilen, zusammen mit den zarten Strunkteilen (Reste für eine Suppe verwenden) mit der Küchenmaschine oder auf der Bircher-Rohkostreibe zur Sauce reiben. Den Apfel und die Birne samt Schale dazureiben, alles gut vermengen. Die Banane in Scheiben schneiden und untermischen.

3. Die Nüsse und die in feine Streifen geschnittenen Pfefferminzblättchen über den Salat streuen. Mit Blüten der Wahl garnieren.

MEDITERRANER ROMANESCOSALAT

- 500 g Romanesco oder Brokkoli
- 2–3 Freilandtomaten
- 10 entsteinte schwarze Oliven
- 100 g Feta, klein gewürfelt

Sauce
- 3 EL Rotweinessig
- Meersalz oder Sojasauce
- Pfeffer aus der Mühle
- 1 Prise Kreuzkümmel nach Belieben
- 6–8 EL Olivenöl extra nativ
- wenig abgeriebene Schale einer unbehandelten Zitrone
- 1 Knoblauchzehe

1. Die Sauce zubereiten. Den Knoblauch schälen und dazupressen.

2. Den Strunk des Romanesco wegschneiden und schälen, auf der Röstiraffel direkt zur Sauce raspeln. Die Blumen in möglichst kleine Röschen teilen, ebenfalls zur Sauce geben, gut vermengen. 30 Minuten ziehen lassen.

3. Bei den Tomaten den Stielansatz entfernen, die Früchte in Spalten schneiden, zusammen mit den Oliven und dem Käse unter den Romanescolsalat mischen.

Romanesco: Es ist wenig bekannt, dass der Romanesco auch roh ausgezeichnet schmeckt. Selbstverständlich darf man die Röschen auch kurz im Dampf garen.

WEISSKOHLSALAT MIT SARDELLEN

- 500 g Weißkohl/-kabis
- 3–6 Sardellenfilets
- 1 Bund glatte Petersilie

Sauce
- 5 El Weißweinessig
- Pfeffer aus der Mühle
- 6 EL Olivenöl extra nativ
- abgeriebene Schale einer unbehandelten Zitrone

1. Die Sauce zubereiten.

2. Beim Weißkohl den Strunk entfernen, auf dem Gemüsehobel fein hobeln, mit der Salatsauce vermengen. Den Salat 15 Minuten ziehen lassen.

3. Die Sardellenfilets und die Petersilie fein hacken, mit dem Salat vermengen.

Abbildung vorn:
Mediterraner Romanescosalat
Abbildung hinten:
Bruschette mit Cima di Rapa,
Rezept Seite 88

ROSENKOHLSALAT MIT MEERRETTICH UND LACHS

- 300 g Rosenkohl
- 150 g Räucherlachs

Sauce
- 2 EL Weißwein- oder Apfelessig
- 1 EL Sojasauce
- Meersalz oder Kräutermeersalz
- Pfeffer aus der Mühle
- 4 EL Olivenöl extra nativ
- 1 kleines Stück Meerrettich

1. Die Sauce zubereiten. Den Meerrettich schälen und auf einer feinen Reibe dazureiben.

2. Den Rosenkohl putzen, mit einem Messer oder auf einem Gemüsehobel fein schneiden. Mit der Sauce vermengen. 15 Minuten ziehen lassen.

3. Den Räucherlachs klein würfeln, unter den Salat mischen. Nach Belieben mit Meerrettichsahne (fein geriebener Meerrettich mit geschlagener süßer Sahne/ Schlagrahm mischen) und Toastbrot servieren.

Rosenkohl: Er kann auch kurz im Dampf gegart werden.

ROSENKOHLSALAT MIT MÖHREN UND RUCOLA

- 200 g Rosenkohl
- 150 g Möhren/Karotten
- 100 g Rucola

Sauce
- 2 EL Balsamessig
- 3 EL Weißweinessig
- Meersalz / Pfeffer aus der Mühle
- 5–6 EL Olivenöl extra nativ
- 1–2 Knoblauchzehen
- wenig abgeriebene Schale einer unbehandelten Zitrone oder 1 TL Limonenöl

Garnitur
- schwarze Oliven oder geröstete Pinienkerne oder geröstete Sonnenblumenkerne

1. Die Sauce zubereiten. Die Knoblauchzehen schälen und dazupressen. Die Zitronenschale unterrühren.

2. Den Rosenkohl putzen, in möglichst feine Scheiben schneiden. Die Möhren schälen und mit der Röstiraffel raspeln. Rosenkohl und Möhren mit der Sauce vermengen. 20 bis 30 Minuten ziehen lassen.

3. Die Rucola in feine Streifen schneiden, unter den Salat mischen. Anrichten. Mit schwarzen Oliven garnieren.

Abbildung Seite 87

CHINAKOHL-ROTKOHL-SALAT MIT PILZEN UND SPECK

- 100 g Chinakohl
- 150 g Rotkohl/-kabis
- 100 g Speckwürfelchen
- 120 g Pilze, z. B. Champignons, Austernpilze, Pfifferlinge oder Frühlingsmorcheln
- 1 Bund Rucola

Sauce

- 1 EL weißer Balsamessig
- 1 EL Himbeer- oder Apfelessig
- Meersalz
- Pfeffer aus der Mühle
- 4–5 EL Olivenöl extra nativ

1. Den Chinakohl und den Rotkohl putzen und in feine Streifen schneiden. Mit der Salatsauce vermengen.

2. Die Pilze putzen, je nach Größe und Pilzart ganz lassen, in Scheiben oder Streifen schneiden.

3. Die Speckwürfelchen in einer Bratpfanne zerlassen, die Pilze beigeben und kräftig anbraten.

4. Die Rucola fein schneiden, zusammen mit der Speck-Pilz-Mischung zum Salat geben, gut vermengen.

Abbildung Seite 69

WIRSINGSALAT MIT WILDKRÄUTERN

- 400 g zarte Wirsingblätter
- 150 g Wildkräuter, z. B. Gundelrebe, Löwenzahn, Geißfuß, Bärlauch
- 100 g Roquefort oder Frischkäse nach Wahl

Sauce

- 3 EL Weißweinessig mit Veilchenblüten aromatisiert
- $1/2$ EL Balsamessig
- wenig Zitronensaft
- 1 TL Senf
- Meersalz
- Pfeffer aus der Mühle
- 5 EL Olivenöl extra nativ

- Blüten von Ringelblumen oder wilden Veilchen
- 2 EL gerösteter Buchweizen

1. Den Wirsing und die Wildkräuter in feine Streifen schneiden, mischen.

2. Den Roquefort klein würfeln.

3. Die Sauce zubereiten, den Salat und den Roquefort dazugeben, vermengen.

Tipp: Mit Blüten und geröstetem Buchweizen garnieren.

Abbildung Seite 91

KARTOFFELSALAT MIT CIMA DI RAPA

- 🌱 800 g fest kochende Kartoffeln
- 🌱 100–150 ml/1–1,5 dl Gemüsebrühe
- 🌱 300 g Cima di Rapa/Stängelkohl

Sauce

- 🌱 3–4 EL Weißwein- oder Kräuteressig
- 🌱 1 TL Senf
- 🌱 Kräutermeersalz
- 🌱 Pfeffer aus der Mühle
- 🌱 6 EL Olivenöl extra nativ
- 🌱 1 kleine Zwiebel
- 🌱 Limonenöl oder wenig abgeriebene Schale einer unbehandelten Zitrone

1. Die Kartoffeln unter fließendem Wasser bürsten, in der Schale im Dampf weich garen. Noch warm schälen und in Scheiben schneiden, in eine große Schüssel legen. Die Gemüsebrühe aufkochen und darüber gießen, ziehen lassen.

2. Cima di Rapa fein schneiden, im Dampf rund 5 Minuten garen.

3. Sauce zubereiten. Zwiebel schälen und fein hacken, zur Sauce geben.

4. Cima di Rapa und Sauce zu den Kartoffeln geben, vorsichtig vermengen. Mit Limonenöl oder Zitronenschale abschmecken.

Abbildung links

ROTKOHLSALAT MIT OANGEN- FILETS UND CASHEWKERNEN

- 🌱 300 g Rotkohl/-kabis ohne Strunk
- 🌱 3 Blondorangen
- 🌱 etwa 12 Cashewkerne
- 🌱 wenig Pfefferminze

Sauce

- 🌱 2 EL Sherryessig oder Orangenaspretto
- 🌱 1 Prise Meersalz
- 🌱 4 EL Olivenöl extra nativ
- 🌱 1 TL Mandarinenöl

1. Die Sauce zubereiten.

2. Den Rotkohl auf dem Gemüsehobel fein hobeln, mit der Salatsauce vermengen. 30 Minuten ziehen lassen.

3. Die Cashewkerne grob hacken, in einer Bratpfanne ohne Fett rösten. Abkühlen lassen.

4. Die Orangen großzügig schälen, auch die weißen Häutchen entfernen. Die Fruchtfilets über einer Schüssel (den Saft auffangen) herauslösen, eventuell quer halbieren.

5. Nüsse, Orangenfilets und -saft zum Rotkohlsalat geben, vermengen. Mit fein geschnittener Pfefferminze garnieren.

Orangenaspretto: Essig aus vergorenem Orangensaft; nach dem Gärprozess wird frischer Orangensaft beigemischt.

GRÜNKOHLSALAT MIT LACHS, PILZEN UND CROÛTONS

- 150 g junger Grünkohl/Federkohl
- 1 EL Olivenöl extra nativ
- 100 g Austernpilze
- Meersalz
- Pfeffer aus der Mühle
- 100 g Vollkorntoastbrot
- 1 Knoblauchzehe
- 100 g geräucherter Wildlachs, gewürfelt
- Limonenöl zum Abschmecken

Sauce
- 3–4 EL Weißweinessig
- Meersalz
- Pfeffer aus der Mühle
- 6 EL Olivenöl extra nativ

1. Grünkohlblätter im Dampf kurz garen.

2. Sauce zubereiten, Grünkohl dazugeben, vermengen. 15 Minuten ziehen lassen.

3. Die Austernpilze in Streifen schneiden, in einer Bratpfanne im Olivenöl kräftig anbraten, mit Salz und Pfeffer würzen, herausnehmen und beiseite legen.

4. Das Brot klein würfeln. Die Knoblauchzehe schälen. Die Brotwürfel zusammen mit dem durchgepressten Knoblauch in der Pilzpfanne rösten.

5. Grünkohlsalat anrichten. Pilze, Brotwürfelchen und Lachs darauf verteilen. Mit dem Limonenöl beträufeln.

GRÜNKOHLSALAT MIT NÜSSEN UND OLIVEN

- ca. 450 g Grünkohl/Federkohl ohne Blattrippen
- 6–8 EL Olivenöl extra nativ
- 3–4 EL Rotweinessig
- Meersalz
- 100 g entsteinte schwarze Oliven
- 50 g Walnuss-/Baumnusskerne
- 2 Gewürzgurken
- 2 EL Jogurt nature
- 1 TL Senf
- 2 EL Olivenöl extra nativ
- Pfeffer aus der Mühle
- Meersalz

1. Den Grünkohl fein schneiden.

2. Das Olivenöl und den Rotweinessig verrühren, mit Salz würzen. Den Grünkohl mit der Marinade vermengen, etwa 1 Stunde ziehen lassen.

3. Die Oliven halbieren, die Walnusskerne grob hacken, die Gewürzgurken klein würfeln, unter den Grünkohl mischen.

4. Jogurt, Senf und Olivenöl glatt rühren, mit Pfeffer und Salz würzen, zum Grünkohl geben, gut vermengen.

Abbildung
Grünkohlsalat mit Lachs,
Pilzen und Croûtons

Weisskohl indische Art mit Kartoffeln und Erbsen

- 4 EL kalt gepresstes Sesamöl
- 400 g Weißkohl/-kabis
- 300 g Kartoffeln
- $^1/_4$ TL Bockshornkleepulver
- $^1/_4$ TL Kreuzkümmelpulver
- $^1/_4$ TL Kurkuma (Gelbwurz)
- 1 Prise Chilipulver
- 1 Prise Korianderpulver
- 200–300 ml/2–3 dl Gemüsebrühe
- 100 g frische oder tiefgekühlte Erbsen
- Meersalz
- Pfeffer aus der Mühle
- Koriandergrün

1. Weißkohl ohne Strunk fein hobeln. Kartoffeln schälen und klein würfeln.

2. Den Weißkohl im heißen Sesamöl kurz dünsten. Die Kartoffeln beigeben. Die Gewürze unterrühren, die Gemüsebrühe angießen, aufkochen, bei milder Hitze köcheln lassen, bis die Kartoffeln gar sind. Die grünen Erbsen 2 bis 3 Minuten mitkochen. Würzen. Das Koriandergrün fein hacken und unterrühren.

Tipp: In Indien serviert man zu diesem Gericht ein Püree aus roten Linsen. Auch Lammfleisch passt gut dazu.

Variante: Die Gewürze durch 2 TL mittelscharfes Currypulver ersetzen.

Abbildung links

Auflauf von Cima di Rapa und Tomaten

- 700 g Cima di Rapa/Stängelkohl
- 2 EL Olivenöl extra nativ
- 2–3 Knoblauchzehen
- Kräutermeersalz
- Pfeffer aus der Mühle
- 10 Sardellenfilets
- 12 entsteinte schwarze Oliven
- 3–4 Freilandtomaten

Guss
- 2 Freilandeier
- 100 g/1 dl süße Sahne/Rahm
- 30 g geriebener Parmesan

1. Den Backofen auf 220 Grad vorheizen. Eine Gratinform einfetten.

2. Die Cima di Rapa putzen und fein schneiden, im Dampf 8 Minuten garen.

3. Die Knoblauchzehen schälen und fein hacken, zusammen mit der Cima di Rapa im heißen Olivenöl 2 bis 3 Minuten dünsten, mit Kräutersalz und Pfeffer würzen. Die Sardellenfilets hacken, zusammen mit den Oliven unter das Gemüse mischen.

4. Cima di Rapa in die Gratinform verteilen. Bei den Tomaten den Stielansatz entfernen, in etwa 15 mm dicke Scheiben schneiden, auf das Gemüse legen. Den Guss darüber gießen.

5. Den Auflauf im Backofen bei 220 Grad etwa 25 Minuten backen.

ROSENKOHLAUFLAUF MIT KÄSE UND NÜSSEN

- 🌱 1 EL Olivenöl extra nativ
- 🌱 700 Rosenkohl
- 🌱 wenig Gemüsebrühe

Guss
- 🌱 100 g Roquefortkäse
- 🌱 2 Freilandeier
- 🌱 200 g/2 dl süße Sahne/Rahm
- 🌱 abgeriebene Schale einer unbehandelten Zitrone
- 🌱 Kräutermeersalz
- 🌱 Pfeffer aus der Mühle
- 🌱 geriebene Muskatnuss

- 🌱 30 g geröstete, gehackte Haselnüsse

1. Den Rosenkohl putzen, den Strunk übers Kreuz einschneiden. Im heißen Olivenöl kurz dünsten, wenig Gemüsebrühe angießen, das Gemüse knackig garen.

2. Den Backofen auf 200 Grad vorheizen.

3. Den Roquefortkäse mit einer Gabel zerdrücken, die Eier und die süße Sahne dazugeben und gut verrühren. Würzen.

4. Den Rosenkohl in eine gefettete Gratinform verteilen. Den Guss darüber gießen. Mit den Nüssen bestreuen.

5. Den Rosenkohlauflauf im Backofen bei 200 Grad 25 bis 30 Minuten backen.

Tipp: Mit Reis, Nudeln oder im Dampf gegarten Kartoffeln servieren.

GRÜNKOHLGEMÜSE MIT CRÈME FRAÎCHE

- 🌱 1 kg Grünkohl/Federkohl
- 🌱 2 EL Olivenöl extra nativ oder Bratbutter
- 🌱 1 mittelgroße Zwiebel
- 🌱 2 EL Gemüsebrühepulver
- 🌱 wenig frisch geriebener Ingwer
- 🌱 1 Becher (180 g) Crème fraîche

1. Die Blätter von den Blattrippen schneiden, im Dampf weich garen, etwas abkühlen lassen und mit einem Messer grob hacken.

2. Die Zwiebel schälen und fein hacken, im heißen Olivenöl andünsten. Den Grünkohl beifügen und mitdünsten. Abschmecken mit Gemüsebrühepulver und Ingwer. Die Crème fraîche beifügen, erhitzen. Sofort servieren.

Tipp: Passt zu Ofenkartoffeln, Fisch und kurz gebratenem Fleisch.

Abbildung
Rosenkohlauflauf mit
Käse und Nüssen

WIRSING-KICHERERBSEN-GEMÜSE

- 250 g Kichererbsen
- 4 EL Olivenöl extra nativ
- 1 Knoblauchzehe
- 1 kleiner Wirsing/Wirz, ca. 400 g
- 1 Dose Pelati oder 400 g frische Tomaten
- Gemüsebrühe
- Pfeffer aus der Mühle
- fein gehackte frische Kräuter
- 2 EL Crème fraîche

1. Die Kichererbsen über Nacht in Wasser einlegen. Das Einweichwasser weggießen. Die Erbsen mit frischem Wasser aufsetzen, aufkochen und bei mittlerer Hitze rund 40 Minuten kochen lassen.

2. Die Knoblauchzehe schälen und fein hacken. Den Wirsing halbieren oder vierteln, den Strunk entfernen, in Streifen schneiden. Bei den Pelati den Stielansatz entfernen, die Tomaten würfeln. Frische Tomaten an der Spitze kreuzweise einschneiden, in kochendes Wasser tauchen, bis sich die Haut zu lösen beginnt. Die Früchte schälen und würfeln.

3. Den Knoblauch und den Wirsing im Olivenöl andünsten, wenig Gemüsebrühe angießen, 5 Minuten köcheln lassen. Die Tomaten und die Kichererbsen beifügen, 10 Minuten köcheln lassen. Abschmecken mit den Kräutern sowie Salz und Pfeffer. Crème fraîche unterrühren.

Abbildung rechts

BROKKOLI-SPINAT-KÜCHLEIN

für 10 bis 12 Küchlein

- 400 g Brokkoli
- 100 g kleinblättriger Spinat
- 4 Freilandeier
- 1 Knoblauchzehe
- 2 EL Kastanien- oder Vollkornmehl
- 50 g geriebener Pecorino
- Kräutermeersalz
- Pfeffer aus der Mühle
- Olivenöl extra nativ zum Braten

- 2 TL Zitronenöl oder wenig abgeriebene Schale einer unbehandelten Zitrone

1. Die Brokkoliröschen abbrechen, den unteren Teil des Strunks schälen, klein schneiden. Die Knoblauchzehe schälen.

2. Den Brokkoli und den Spinat im Dampf 4 Minuten dämpfen. Das Gemüse abkühlen lassen, hacken.

3. Die Eier verquirlen, die Knoblauchzehe dazupressen, Gemüse, Mehl und Käse dazugeben, gut vermengen. Würzen.

4. In einer Bratpfanne wenig Olivenöl erhitzen. Für jedes Küchlein einen gehäuften Esslöffel der Gemüsemasse in die Pfanne geben, auf beiden Seiten je 3 Minuten braten.

5. Die Küchlein vor dem Servieren mit wenig Zitronenöl beträufeln oder geriebene Zitronenschale darüber streuen. Warm oder kalt genießen.

LASAGNE MIT WIRSING

🌿 *200 g Lasagneblätter*

🌿 *2 EL Olivenöl extra nativ*

🌿 *1 große Zwiebel*

🌿 *2-3 Knoblauchzehen*

🌿 *1 Wirsing/Wirz, ca. 500 g Wirsing-streifen*

🌿 *Gemüsebrüheextrakt oder Kräutermeersalz*

🌿 *Pfeffer aus der Mühle*

🌿 *1 Prise Paprikapulver*

🌿 *2 EL fein gehackte Kräuter, z. B. Thymian, Majoran, Rosmarin*

🌿 *40 g geriebener Parmesan oder Sbrinz*

Béchamelsauce

🌿 *3 EL Vollkornmehl*

🌿 *2 EL Weißwein*

🌿 *250 ml/2,5 dl Gemüsebrühe*

🌿 *300 ml/3 dl Milch*

🌿 *200 g/2 dl süße Sahne/Rahm*

🌿 *Meersalz*

🌿 *Pfeffer aus der Mühle*

🌿 *fein gehackter Thymian*

🌿 *60 g geriebener Parmesan oder Sbrinz*

1. Die Lasagneblätter in reichlich Salzwasser al dente kochen, abgießen und mit kaltem Wasser abschrecken.

2. Die Zwiebel und die Knoblauchzehen schälen und fein hacken. Den Wirsing putzen, vierteln, den Strunk entfernen, in 3 cm breite Streifen schneiden. Zwiebeln, Knoblauch und Wirsingstreifen im heißen Olivenöl kurz dünsten. Würzen.

3. Für die Béchamelsauce Mehl, Weißwein und wenig Gemüsebrühe in einer Pfanne glatt rühren. Restliche Gemüsebrühe, Milch und süße Sahne dazugeben, unter Rühren aufkochen und 4 bis 6 Minuten köcheln lassen. Die Sauce würzen, die Kräuter und den Parmesan unterrühren.

4. Den Backofen auf 200 Grad vorheizen.

5. Eine rechteckige Gratinform einfetten. Den Boden mit wenig Béchamelsauce bedecken, eine Lage Lasagneblätter darauf legen, mit dem Wirsing bedecken und der Béchamelsauce überziehen, fortfahren mit einer Lage Lasagneblätter usw., immer wieder wenig Käse einstreuen, abschließen mit der Béchamelsauce und dem Käse.

6. Die Lasagne im Backofen bei 200 Grad rund 40 Minuten backen.

Variante: Den Wirsing durch Cima di Rapa ersetzen.

WIRSING-HIRSE-PUFFER

für 12 Puffer

- 100 g Hirseflocken
- 100 ml/1 dl Milch
- 2 Freilandeier
- 100 g Wirsing/Wirz
- 1 EL Olivenöl extra nativ
- 1 rote Pfefferschote/Peperoncino
- 50 g geriebener Greyerzer Käse
- wenig geriebene Muskatnuss
- wenig abgeriebene Schale einer unbehandelten Zitrone oder 1 TL Limonenöl nach Belieben
- Kräutermeersalz
- Pfeffer aus der Mühle
- Olivenöl zum Braten

1. Hirseflocken, Milch und Eier glatt rühren, 20 Minuten quellen lassen.

2. Den Wirsing in feine Streifen schneiden. Die Pfefferschote längs aufschneiden, entkernen und in feine Streifen schneiden. Wirsing und Pfefferschoten im heißen Olivenöl rund 5 Minuten dünsten. Abkühlen lassen.

3. Den Reibkäse und das gedämpfte Gemüse unter die Hirse rühren. Würzen.

4. In einer Bratpfanne wenig Olivenöl erhitzen. Die Wirsing-Hirse-Masse mit einem Esslöffel portionieren, die Puffer in die Pfanne setzen und bei mittlerer Hitze beidseitig 3 bis 4 Minuten braten. Sofort servieren, da die Puffer sonst zu trocken werden.

BROKKOLI-AUFLAUF MIT FETA

- 1 kg Brokkoli (800 g geputzter Brokkoli)
- 1 TL fein gehackter Ingwer oder 1 Msp Ingwerpulver
- 1 Prise gemahlene Muskatnuss
- 1 Msp Kreuzkümmel
- 1 unbehandelte Zitrone, abgeriebene Schale

Guss

- 2 Freilandeier
- 200–300 g/2–3 dl süße Sahne/ Rahm
- Meersalz
- Pfeffer aus der Mühle
- fein gehackter Thymian

- 100 g Feta, klein gewürfelt

1. Beim Brokkoli den Strunk wegschneiden, schälen und in Stäbchen schneiden. Die Blumen in kleine Röschen teilen. Beides im Dampf knackig garen.

2. Den Backofen auf 180 Grad vorheizen.

3. Den Brokkoli in eine gefettete Gratinform verteilen, den Guss darüber gießen. Die Fetawürfelchen darauf verteilen.

4. Den Brokkoliauflauf im Backofen bei 180 Grad 20 bis 25 Minuten backen, bis der Guss fest ist.

Tipp: Mit Reis oder Dampfkartoffeln servieren.

GEFÜLLTER WIRSING

🌀 *1 Wirsing/Wirz mit dunkelgrünen Hüllblättern, ca. 1 kg*

Füllung

🌀 *180 g Vollkornbrotwürfelchen*

🌀 *300 ml/3 dl warme Milch*

🌀 *4 Freilandeier*

🌀 *100 g geriebener Parmesan*

🌀 *2 große Zwiebeln*

🌀 *2–3 Knoblauchzehen*

🌀 *1–2 EL Olivenöl extra nativ*

🌀 *Kräutermeersalz*

🌀 *Pfeffer aus der Mühle*

🌀 *geriebene Muskatnuss*

🌀 *abgeriebene Schale einer unbehandelten Zitrone*

🌀 *¹/₂ Bund Petersilie*

🌀 *¹/₂ Bund gemischte Kräuter, z. B. Majoran, Thymian, Bohnenkraut*

🌀 *1–2 EL Olivenöl extra nativ*

1. Die Brotwürfelchen in die warme Milch einlegen, 30 Minuten stehen lassen. Die Milch abgießen. Das Brot mit der Gabel zerpflücken, Eier und Käse unterrühren.

2. Den Wirsing putzen, den ganzen Kopf in kochendes Salzwasser geben, bei kleiner Hitze 12 bis 15 Minuten kochen lassen. Den Wirsing aus dem Topf nehmen, den inneren Teil herauslösen.

3. Den Backofen auf 200 Grad vorheizen.

4. Den ausgelösten Wirsing in der Moulinette oder mit dem Messer fein hacken. Die Zwiebeln und die Knoblauchzehen schälen und fein hacken. Wirsing, Zwiebeln und Knoblauch im heißen Olivenöl einige Minuten dünsten.

5. Den gehackten Wirsing und die Brotmasse gut vermengen. Die Füllung würzen. Die Petersilie und die gemischten Kräuter fein hacken, unterrühren.

6. Die Wirsinghülle in eine runde, nicht zu große Gratinform stellen. Die Masse in den Wirsing füllen, mit den Blättern verschließen. Mit Olivenöl beträufeln. Die Form mit Alufolie abdecken.

7. Den gefüllten Wirsing im Backofen bei 200 Grad rund 45 Minuten schmoren lassen.

8. Den Wirsing in 4 «Kuchenstücke» schneiden, warm oder kalt servieren.

Tipp: Mit einer leichten Tomaten-, Pilz- oder Knoblauchsauce servieren. Gut dazu passt auch eine warme (Seite 89) oder eine kalte Zitronensauce (Seite 68).

Variante: Selbstverständlich kann man den Kohl auch mit einer Mischung aus Hackfleisch, Mozzarella und Eiern füllen.

SCHARFER LAMM-WIRSING-EINTOPF MIT CURRY

- 2 EL Olivenöl extra nativ
- 1 große Zwiebel
- 1 rote Pfefferschote/Peperoncino
- 500 g Lammragout
- 1 EL scharfes Currypulver
- 200 ml/2 dl Weißwein
- 1 mittelgroßer Wirsing/
  Wirz, ca. 600 g
- 400 g Kartoffeln
- $^1/_2$ l Gemüsebrühe
- Meersalz
- Pfeffer
- gehackte Petersilie für die Garnitur

1. Die Zwiebel schälen und fein hacken. Die Pfefferschote längs aufschneiden, entkernen und in Streifen schneiden. Den Wirising putzen und in Streifen schneiden. Die Kartoffeln schälen und würfeln.

2. Zwiebeln, Pfefferschoten und Fleisch im heißen Olivenöl anbraten. Das Currypulver darüber streuen, den Weißwein angießen, 20 Minuten bei milder Temperatur köcheln lassen. Wirsing und Kartoffeln beigeben, die Gemüsebrühe aufgießen, aufkochen und den Eintopf bei milder Hitze 30 Minuten schmoren lassen. Abschmecken mit Salz und Pfeffer, die Petersilie darüber streuen.

Abbildung
Pasta mit Cima di Rapa
und Räucherlachs

PASTA MIT CIMA DI RAPA UND RÄUCHERLACHS

- 300–400 g breite Bandnudeln
- 500 g Cima di Rapa/Stängelkohl
- 2 EL Olivenöl extra nativ
- 1 rote Pfefferschote/Peperoncino
- 2 Knoblauchzehen
- Pfeffer aus der Mühle
- Meersalz
- 200 g geräucherter Wildlachs
- Gemüsebrühe o. süße Sahne/Rahm
- Limonen- oder Mandarinenöl
- Parmesan

1. Sehr große Blätter und Blüten beim Cima di Rapa entfernen. Das Gemüse fein schneiden, im Dampf 5 Minuten garen.

2. Die Nudeln in reichlich Salzwasser al dente kochen, abgießen und mit kaltem Wasser abschrecken.

3. Die Pfefferschote längs aufschneiden, entkernen und in feine Streifen schneiden. Die Knoblauchzehen schälen und fein hacken. Den Räucherlachs würfeln.

4. Cima di Rapa, Pfefferschoten und Knoblauch im heißen Olivenöl einige Minuten dünsten. Mit Salz und Pfeffer würzen. Die Nudeln und den Räucherlachs untermischen, erhitzen. Eventuell wenig Gemüsebrühe oder süße Sahne/Rahm angießen. Mit Limonen- oder Mandarinenöl abschmecken. Mit frisch geriebenem Parmesan bestreuen.

RAGOUT AUS CIMA DI RAPA UND PILZEN

- 🖐 100 g Speckwürfelchen
- 🖐 2 EL Olivenöl extra nativ
- 🖐 2 Knoblauchzehen
- 🖐 1 rote Pfefferschote/Peperoncino
- 🖐 400 g Cima di Rapa/Stängelkohl
- 🖐 200 g Austernpilze
- 🖐 100 ml/1 dl Weißwein
- 🖐 200 ml/2 dl Gemüsebrühe
- 🖐 Meersalz
- 🖐 Pfeffer aus der Mühle
- 🖐 2 Freilandtomaten
- 🖐 Olivenöl extra nativ oder Limonenöl

1. Die Knoblauchzehen schälen. Die Pfefferschote längs aufschneiden, entkernen und in feine Streifen schneiden. Die Cima di Rapa und die Pilze in feine Streifen schneiden. Die Tomaten an der Spitze kreuzweise einschneiden, in kochendes Wasser tauchen, bis sich die Haut zu lösen beginnt, schälen, den Stielansatz entfernen, das Fruchtfleisch klein würfeln.

2. Die Speckwürfelchen in einem Brattopf auslassen. Olivenöl, durchgepressten Knoblauch, Pfefferschoten, Cima di Rapa und Pilze dazugeben und scharf anbraten. Den Weißwein angießen, einige Minuten köcheln lassen. Die Gemüsebrühe angießen, aufkochen und bei milder Hitze 10 bis 12 Minuten köcheln lassen. Die Tomatenwürfel unterrühren, erhitzen. Würzen. Abschmecken mit Oliven- oder Limonenöl.

CIMA DI RAPA MIT OFENKARTOFFELN

- 🖐 800 g kleine neue Kartoffeln
- 🖐 Olivenöl extra nativ
- 🖐 1 Zweiglein Rosmarin
- 🖐 Kräutermeersalz

- 🖐 800 g Cima di Rapa/Stängelkohl
- 🖐 2 EL Olivenöl extra nativ
- 🖐 1 Knoblauchzehe
- 🖐 Kräutermeersalz
- 🖐 Pfeffer aus der Mühle

- 🖐 150 g Ziegenfrischkäse, klein gewürfelt

1. Den Backofen auf 210 Grad vorheizen. Ein Backblech mit Olivenöl einpinseln.

2. Die Kartoffeln unter fließendem Wasser gut bürsten, nicht schälen. Längs halbieren, auf das Backblech verteilen. Die Rosmarinnadeln abstreifen und darüber streuen. Mit Kräutersalz würzen. Die Kartoffeln im Backofen bei 210 Grad rund 20 Minuten backen. Von Zeit zu Zeit wenden.

3. Bei der Cima di Rapa zähe Blätter entfernen. Das Kraut samt Blüten und Stielen in 2 cm breite Streifen schneiden. Im Dampf etwa 10 Minuten garen.

4. Die Knoblauchzehe schälen. Cima di Rapa und Knoblauch im heißen Olivenöl kurz dünsten. Würzen.

5. Ofenkartoffeln und Gemüse auf Tellern anrichten. Frischkäse darauf verteilen.

WEISSKOHLPÄCKCHEN MIT FRUCHTIGER ROTKOHL-FÜLLUNG

für 12 Päckchen

- 🌿 *1 Weißkohl/-kabis oder Wirsing/ Wirz*

- 🌿 *3 EL Olivenöl extra nativ oder 3 EL Butter*
- 🌿 *1 kleine Zwiebel*
- 🌿 *¹/₂ Rotkohl/-kabis, ca. 400 g*
- 🌿 *1 Apfel*
- 🌿 *40 g Rosinen*
- 🌿 *1 Bund frischer Thymian oder 1 EL getrockneter Thymian*
- 🌿 *200 ml/2 dl Weiß- oder Rotwein*
- 🌿 *wenig Gemüsebrühe*
- 🌿 *Meersalz*
- 🌿 *Pfeffer aus der Mühle*
- 🌿 *40 g Pinienkerne*

- 🌿 *200 ml/2 dl Gemüsebrühe für die Form*

1. Die Zwiebel schälen und fein hacken. Den Rotkohl möglichst fein schneiden oder hobeln. Den Apfel schälen, vierteln, entkernen und in feine Spalten schneiden.

2. Die Zwiebeln im heißen Olivenöl andünsten, den Rotkohl, die Äpfel und die Rosinen beigeben und mitdünsten. Den Wein angießen, aufkochen und das Gemüse bei milder Hitze knackig garen. Den Flüssigkeitsstand kontrollieren, eventuell braucht es wenig Gemüsebrühe. Würzen. Die Pinienkerne unterrühren.

3. Zwölf Weißkohlblätter ablösen, im Dampf oder im Salzwasser einige Minuten garen, kalt abschrecken. Die Mittelrippen herausschneiden.

4. Den Backofen auf 180 Grad vorheizen. Etwa 200 ml/2 dl Gemüsebrühe in eine große Gratinform füllen.

5. Die Weißkohlblätter auf der Arbeitsfläche auslegen, dabei die Schnittstellen übereinander legen. Das Rotkohlgemüse darauf verteilen. Die Kohlblätter links und rechts über die Füllung einschlagen, Päckchen machen und diese in die Gratinform legen. Die Form mit Alufolie abdecken.

6. Die Weißkohlpäckchen im Backofen bei 180 Grad 30 Minuten schmoren.

Variante: Auf die «Hülle» verzichten und nur das Rotkohlgemüse zubereiten.

Tipp: Mit Kartoffelpüree und/oder Lammfleisch servieren.

KOHLGEMÜSE IM AUSBACKTEIG

- *500 g gemischter Kohl, z. B. kleine Röschen von Blumenkohl und Brokkoli, Pak Choi und kleine Rosenkohlköpfchen*
- *Olivenöl zum Ausbacken*

Ausbackteig

- *2 Freilandeier*
- *200 ml/2 dl Milch oder 100 g/1 dl süße Sahne/Rahm und 100 ml/1 dl Gemüsebrühe*
- *1 EL Olivenöl extra nativ*
- *1 TL getrocknete Provencekräuter*
- *125 g Dinkelvollkornmehl*
- *Meersalz*
- *Pfeffer aus der Mühle*

1. Die Eier zusammen mit der Milch und dem Olivenöl verquirlen. Die Kräuter und das Mehl dazugeben, zu einem glatten Teig rühren, würzen. 30 Minuten quellen lassen.

2. Den Kohl im Dampf knackig garen, abkühlen lassen.

3. In einer Bratpfanne reichlich Olivenöl erhitzen. Das Gemüse portionsweise durch den Teig ziehen und im Olivenöl bei mittlerer Hitze braten. Das Gemüse kann auch in einer Fritteuse schwimmend gebacken werden. Mit Kräutersalz würzen. Mit Zitronenspalten servieren.

Gebackenes Gemüse: Eine ideale Vorspeise; passt aber auch zu Fisch und Kartoffeln.

ROSENKOHL MIT PFIFFERLINGEN

- *2 EL Olivenöl extra nativ*
- *1 kleine Zwiebel*
- *1 Knoblauchzehe*
- *500 g junger Rosenkohl*
- *50 ml/0,5 dl trockener Weißwein*
- *Gemüsebrühe*
- *2 EL fein gehackte Petersilie*
- *Meersalz*
- *Pfeffer aus der Mühle*

- *2 EL Olivenöl extra nativ*
- *200 g Pfifferlinge/Eierschwämmchen*

1. Die Zwiebel und die Knoblauchzehe schälen und fein hacken. Den Rosenkohl putzen, den Strunk kreuzweise einschneiden. Die Pilze putzen, nach Möglichkeit nicht waschen, je nach Größe ganz lassen oder zerkleinern.

2. Zwiebeln, Knoblauch und Rosenkohl im heißen Olivenöl andünsten. Den Wein und wenig Gemüsebrühe angießen, knackig kochen. Die Petersilie unterrühren. Mit Salz und Pfeffer würzen.

3. Die Pfifferlinge im heißen Olivenöl kräftig anbraten, mit dem Rosenkohl vermengen.

Tipp: Passt zu Fleisch und Kartoffelpüree.

*Abbildung
Kohlgemüse im Ausbackteig*

LASAGNEBLÄTTER MIT WIRSING, LAUCH UND LACHS GEFÜLLT

- 250 g Lasagneblätter
- 2 EL Olivenöl extra nativ
- 1 mittelgroße Zwiebel
- 300 g Wirsing/Wirz
- 200 g Lauch
- 1/2 Bund Thymian
- Meersalz
- Pfeffer aus der Mühle
- geriebene Muskatnuss
- 100 ml/1 dl Weißwein
- wenig Gemüsebrühe
- 150 g/1,5 dl süße Sahne/Rahm oder Crème fraîche
- 200 g Räucherlachs

1. Die Zwiebel schälen und fein hacken. Den Wirsing und den Lauch putzen und in feine Streifen schneiden. Den Thymian fein hacken. Den Lachs würfeln.

2. Zwiebeln, Wirsing und Lauch im heißen Olivenöl andünsten. Den Thymian unterrühren. Würzen. Den Weißwein und wenig Gemüsebrühe angießen, das Gemüse knackig garen. Die süße Sahne und den Lachs unterrühren, erhitzen.

3. Die Lasageblätter in reichlich Salzwasser al dente kochen. Mit einem Schaumlöffel aus dem Wasser nehmen, auf vorgewärmte Teller legen. Das Gemüse darauf verteilen, zusammenklappen. Mit Olivenöl beträufeln. Sofort servieren.

Abbildung links

BLUMENKOHKÖPFCHEN

für 6 bis 8 Köpfchen
von 6 cm Durchmesser

- 500 g Blumenkohl
- 4 Freilandeier
- 200 g/2 dl süße Sahne/Rahm
- geriebene Muskatnuss
- Pfeffer aus der Mühle
- Meersalz
- reichlich Sprossen für die Garnitur
- weiche Butter für die Förmchen

1. Den Strunk des Blumenkohles klein würfeln, die Blume in kleine Röschen teilen, im Dampf garen, bis das Gemüse sehr weich ist.

2. Den Backofen auf 180 Grad vorheizen.

3. Blumenkohl, Eier und süße Sahne mit dem Stabmixer oder im Mixerglas pürieren. Kräftig würzen.

4. Förmchen mit Butter einstreichen. Die Blumenkohlmasse einfüllen. Förmchen in eine ofenfeste Form stellen, auf zwei Drittel Höhe mit Wasser füllen. Im Backofen bei 180 Grad 30 bis 40 Minuten pochieren.

5. Einen Teil der Sprossen auf Tellern anrichten, mit wenig Olivenöl beträufeln. Den Rand der Flans mit einem Messer lösen, die Köpfchen auf die Sprossen stürzen. Mit den restlichen Sprossen garnieren.

CHINAKOHLWICKEL MIT WARMER ZITRONENSAUCE

🌿 *8 mittelgroße Chinakohlblätter*

Füllung

🌿 *2 EL Olivenöl extra nativ*

🌿 *1 Zwiebel*

🌿 *150 g Möhren/Karotten*

🌿 *125 g mittelfeiner Haferschrot*

🌿 *300 ml/3 dl Gemüsebrühe*

🌿 *1 Prise Currypulver*

🌿 *1 Prise Kreuzkümmel*

🌿 *fein geriebener frischer Ingwer*

🌿 *2 TL Hefeflocken*

🌿 *Kräutermeersalz*

🌿 *Pfeffer aus der Mühle*

🌿 *2 EL gehackte Kräuter, z. B. Thymian, Majoran, Basilikum, Rosmarin*

🌿 *2 EL fein gehackte Wildkräuter, z. B. Geißfuß, Brennnessel*

🌿 *1 Freilandei*

Warme Zitronensauce

🌿 *1 EL Butter*

🌿 *1/2 unbehandelte Zitrone, abgeriebene Schale und Saft*

🌿 *1–1 1/2 TL Pfeilwurzelmehl*

🌿 *200 ml/2 dl Gemüsebrühe*

🌿 *150 g/1,5 dl süße Sahne/Rahm*

🌿 *Meersalz*

🌿 *1 Prise Zitronenpfeffer oder Zitronenthymian*

🌿 *1 TL Limonenöl*

1. Die Zwiebel schälen und fein hacken. Die Möhren schälen und auf der Röstiraffel raspeln. Die Zwiebeln und die Möhren im heißen Olivenöl andünsten, den Haferschrot dazugeben und mitdünsten. Die Gemüsebrühe angießen, aufkochen und bei milder Hitze 5 Minuten köcheln lassen. Das Getreide auf der ausgeschalteten Wärmequelle zugedeckt 30 Minuten quellen lassen. Würzen. Die Kräuter und das Ei unterrühren.

2. Die Chinakohlblätter in kochendem Wasser 2 Minuten blanchieren, kalt abschrecken. Auf der Arbeitsfläche auslegen.

3. Den Backofen auf 180 Grad vorheizen.

4. Die Schrotmischung auf die Chinakohlblätter verteilen, links und rechts einschlagen, Päckchen machen und diese mit Küchenschnur binden.

5. Etwa 200 ml/2 dl Gemüsebrühe in eine rechteckige Gratinform gießen. Die Wickel hineinlegen. Im Backofen bei 180 Grad etwa 30 Minuten schmoren lassen.

6. Für die Sauce Zitronensaft und -schale, Butter und Gemüsebrühe aufkochen, das mit wenig kaltem Wasser angerührte Pfeilwurzelmehl und die süße Sahne dazugeben, unter Rühren aufkochen und köcheln lassen, bis die Sauce die gewünschte Konsistenz hat. Würzen und abschmecken mit Salz, Zitronenpfeffer und Limonenöl. Die Sauce separat servieren.

Abbildung unten:
Chinakohlwickel mit Zitronensauce
Abbildung oben:
Chinakohl-Rotkohl-Salat
mit Pilzen und Speck, Seite 45

JUNGER WIRSING MIT REIS UND WURST

- 🌿 200 g Natur-Langkornreis
- 🌿 ¹/₂ l Wasser

- 🌿 2 EL Olivenöl extra nativ
- 🌿 1 kleine Zwiebel
- 🌿 1 Knoblauchzehe
- 🌿 500 g junger Wirsing/Wirz
- 🌿 100 ml/1 dl Weißwein
- 🌿 ca. 200 ml/2 dl Gemüsebrühe
- 🌿 1 Bio-Schafswurst (Bioladen)
- 🌿 süße Sahne/Rahm nach Belieben
- 🌿 Meersalz
- 🌿 wenig Thymian und Rosmarin
- 🌿 ¹/₂ Bund Petersilie
- 🌿 Pfeffer aus der Mühle

- 🌿 Reibkäse nach Belieben

1. Den Reis und das Wasser aufkochen, 5 Minuten sprudelnd kochen, dann auf der ausgeschalteten Wärmequelle zugedeckt 30 Minuten oder länger quellen lassen.

2. Die Zwiebel und die Knoblauchzehe schälen und fein hacken. Den Wirsing vierteln, den Strunk entfernen, in Streifen schneiden. Thymian, Rosmarinnadeln und Petersilie fein hacken.

3. Die Zwiebeln und den Knoblauch im heißen Olivenöl kurz dünsten, den Wirsing dazugeben und mitdünsten. Den Weißwein und die Gemüsebrühe angießen, aufkochen, das Gemüse bei milder Hitze knackig garen, etwa 15 Minuten. Die Wurst in Scheiben schneiden und die letzten 5 Minuten mitgaren. Den Reis dazugeben, erhitzen. Nach Belieben mit süßer Sahne verfeinern. Die Kräuter unterrühren, mit Salz und Pfeffer abschmecken. Würzen. Den Reibkäse unterrühren oder separat servieren.

Tipp: Vor dem Servieren mit wenig Limonenöl beträufeln; ergibt ein frisches Aroma.

ROSENKOHL UND MÖHREN MIT KASTANIEN

- 🌿 3 EL Olivenöl extra nativ
- 🌿 1 kleine Zwiebel
- 🌿 200 g Möhren/Karotten
- 🌿 400 g Rosenkohl
- 🌿 5 TL Balsamessig
- 🌿 wenig Gemüsebrühe
- 🌿 Meersalz
- 🌿 Pfeffer aus der Mühle
- 🌿 2 Thymianzweiglein

Kastanien

- 🌿 2 EL Butter
- 🌿 300 g Dörrkastanien
- 🌿 1 TL Honig
- 🌿 100–150 ml/1–1,5 dl Gemüsebrühe

1. Die Dörrkastanien über Nacht in kaltem Wasser einlegen. Das Wasser am nächsten Tag weggießen. Die Kastanien putzen, d. h. mit einem spitzen Messer alle braunen Häutchen entfernen. Verfärbte Früchte aussortieren. Die Butter in einer Pfanne zerlassen, die Kastanien und den Honig dazugeben, einige Minuten rühren. Die Gemüsebrühe angießen, die Früchte bei milder Hitze garen, 30 bis 40 Minuten. Flüssigkeitsstand ab und zu kontrollieren.

2. Die Zwiebel schälen und fein hacken. Die Möhren putzen und in Stäbchen schneiden. Den Rosenkohl putzen, den Strunk übers Kreuz einschneiden.

3. Zwiebeln, Möhren und Rosenkohl im heißen Olivenöl andünsten. Den Balsamessig unterrühren. Wenig Gemüsebrühe angießen, das Gemüse bei milder Hitze knackig garen.

4. Die Kastanien zum Gemüse geben. Abschmecken mit Salz und Pfeffer. Die Blättchen von den Thymianzweiglein abstreifen und unterrühren.

SCHARFE CHINAKOHL-LAUCH-PFANNE

- 2 EL Olivenöl extra nativ oder 2 EL kalt gepresstes Sesamöl
- 250 g Lauch
- 1 rote Pfefferschote/Peperoncino
- wenig frisch geriebener Ingwer
- 1/4 TL Schwarzkümmelsamen
- Chinagewürz
- 1/2 TL Currypulver
- 250 g Chinakohl
- 50 ml/0,5 dl Weißwein
- wenig Gemüsebrühe
- Meersalz
- Koriandergrün oder Petersilie
- geröstete Pinienkerne

1. Den Lauch putzen und in feine Scheiben schneiden. Die Pfefferschote längs aufschneiden, entkernen und in Streifchen schneiden. Den Chinakohl putzen und in breite Streifen schneiden.

2. Den Lauch und die Pfefferschoten im heißen Olivenöl 6 Minuten rührbraten. Die Gewürze unterrühren. Den Chinakohl dazugeben und mitdünsten. Den Weißwein und wenig Gemüsebrühe angießen, bei milder Hitze 5 Minuten köcheln lassen. Mit den Kräutern und den Pinienkernen garnieren.

Tipp: Eine ganz spezielle Note erhält das Gericht, wenn man es mit Mandarinenöl abschmeckt. Mit Bratkartoffeln servieren.

WIRSINGROULADE MIT BOHNEN-RICOTTA-NUSS-FÜLLUNG

- 🌿 *8 große Wirsingblätter*
- 🌿 *200 g gekochte weiße Bohnen (ev. aus der Dose)*
- 🌿 *250 g Ricotta*
- 🌿 *2–3 EL fein gehackte Kräuter, z. B. Petersilie, Rosmarin, Thymian, Basilikum usw.*
- 🌿 *3 EL geriebener Parmesan*
- 🌿 *100 g geriebene Pinienkerne*
- 🌿 *2 Knoblauchzehen*
- 🌿 *Limonenöl zum Abschmecken*

1. Die Wirsingblätter im Dampf knackig garen. Unter kaltem Wasser abschrecken, die Mittelrippe herausschneiden.

2. Die Bohnen ohne Flüssigkeit pürieren. Ricotta, Kräuter, Parmesan und Pinienkerne dazugeben, glatt rühren. Die Knoblauchzehen schälen und dazupressen, unterrühren.

3. Die Füllung auf die Kohlblätter verteilen, das Kohlblatt links und rechts über die Füllung einschlagen, aufrollen. Kühl stellen.

4. Die Wirsingrouladen aufschneiden, anrichten. Mit wenig Limonenöl beträufeln, mit Salz und Pfeffer abschmecken.

Tipp: Die noch warmen Wirsingwickel zusammen mit einer Zitronensauce als warme Vorspeise servieren.

Abbildung links

ROSENKOHL-SPECK-SPIESSCHEN

- 🌿 *24–32 mittelgroße Rosenkohlköpfchen*
- 🌿 *Meersalz*
- 🌿 *Pfeffer aus der Mühle*
- 🌿 *12–16 feine Speckscheiben*
- 🌿 *Holzspießchen*

1. Den Backofen auf 240 Grad vorheizen.

2. Den Rosenkohl putzen, den Strunk kreuzweise einschneiden. Die Köpfchen im Dampf knackig garen. Kalt abschrecken.

3. Den Rosenkohl mit Salz und Pfeffer würzen. Die Specktranchen quer halbieren, um den Rosenkohl wickeln, auf Spießchen reihen.

4. Die Spießchen in ein Blech legen. Im Backofen bei 240 Grad knusprig braten.

Tipp: Mit einem Kartoffel-Kürbis-Püree oder einem Kartoffel-Grünkohl-Püree, Seite 75, servieren. Die Rosenkohlköpfchen passen auch gut zu einem Aperitif.

Abbildung nächste Seite

KARTOFFEL-GRÜNKOHL-PÜREE MIT GERÖSTETEN ZWIEBELN

- *800 g mehlig kochende Kartoffeln*
- *300 g Grünkohl ohne Blattrippen*
- *2 EL Olivenöl extra nativ*
- *1 kleine Zwiebel*
- *2 Knoblauchzehen*
- *200–250 g/2–2,5 dl süße Sahne/ Rahm oder Milch*
- *Pfeffer aus der Mühle*
- *Meersalz*
- *Limonenöl zum Abschmecken*

- *1–2 große Zwiebeln für die Garnitur*
- *Olivenöl extra nativ*

1. Die Kartoffeln schälen und klein würfeln. Den Grünkohl sehr fein schneiden.

2. Die Kartoffeln in einem weiten Topf im Dampf weich garen, etwa 20 Minuten. Den Grünkohl die letzten 10 Minuten mitgaren. Die Kartoffeln durch das Passevite drehen. Den Grünkohl mit dem Wiegemesser oder einem Küchenmesser sehr fein hacken.

3. Die Zwiebel und die Knoblauchzehen schälen. Die Zwiebel fein hacken, zusammen mit dem durchgepressten Knoblauch im heißen Olivenöl langsam weich dünsten, den Grünkohl beifügen und kurz mitdünsten. Mit Pfeffer und Salz würzen.

4. Die Zwiebeln für die Garnitur schälen und in feine Scheiben schneiden, in einer Bratpfanne in wenig Olivenöl rösten.

5. Das Kartoffelpüree und den Grünkohl zusammen mit der süßen Sahne unter Rühren erhitzen. Abschmecken mit Pfeffer, Salz und nach Belieben mit Limonenöl. Das Püree anrichten, mit den gerösteten Zwiebeln garnieren.

Tipp: Mit gebratenen Austernpilzen, Lammkoteletts oder Lammfilet mit Provencekräutern servieren.

Variante: Den Grünkohl durch Schwarzkohl (vor allem in Italien bekannt) ersetzen; muss etwas länger gegart werden. Auch Wirsing eignet sich für dieses Rezept.

Abbildung links

Abbildung oben:
Kartoffel-Grünkohl-Püree
mit gerösteten Zwiebeln
Abbildung unten:
Rosenkohl-Speck-Spießchen, Seite 73

Brokkoli-Lauch-Curry mit Kokosflocken

- 2 EL Sesamöl oder
  2 EL Olivenöl extra nativ
- 1 Zwiebel
- 1 rote Pfefferschote/Peperoncino
- 400 g Brokkoli
- 300 g Lauch
- 2 EL mittelscharfes Currypulver
- 2 EL Kokosflocken
- 200 ml/2 dl Weißwein
- $1/2$ l Gemüsebrühe
- Meersalz
- Pfeffer aus der Mühle

- 1 EL Kokosflocken oder -chips
  für die Garnitur
- frisches Koriandergrün und/oder
  Bockshonrnkleesprossen
  für die Garnitur

1. Die Zwiebel schälen und fein hacken. Die Pfefferschote längs aufschneiden, entkernen und in Streifchen schneiden. Den Strunk des Brokkoli wegschneiden, schälen und und in feine Scheiben schneiden. Die Blumen in Röschen teilen. Den Lauch der Länge nach halbieren, in feine Streifen schneiden.

2. Die Zwiebeln und die Pfefferschoten im heißen Sesamöl andünsten. Den Lauch und den Brokkoli dazugeben, das Currypulver unterrühren, ein paar Minuten mitdünsten. Die Kokosflocken unterrühren, mit dem Weißwein und der Gemüsebrühe aufgießen, aufkochen, den Brokkoli bei kleiner Hitze knackig kochen. Würzen. Die Kokosflocken und das fein gehackte Koriandergrün darüber streuen.

Tipp: mit gebratenem Hähnchen-/Pouletfleisch oder Seeteufel servieren. Auch Reis und Nudeln passen dazu.

Variante: Statt Kokosflocken Sesamsamen mitkochen.

Blumenkohl-Kartoffel-Curry indische Art

- 3 EL Sesamöl oder
  3 EL Olivenöl extra nativ
- 1 große Zwiebel oder
  1 Bund Frühlingszwiebeln
- 2 Knoblauchzehen
- 2 EL mittelscharfes Currypulver
- $1/2$ TL Kurkuma (Gelbwurz)
- 1 TL Korianderkörner
- 1 TL Senfkörner
- 1 mittelgroßer Blumenkohl, ca. 500 g
- 500 g fest kochende Kartoffeln
- 400–500 ml/4–5 dl Gemüsebrühe
- Meersalz
- Mandarinenöl
- frische Pfefferminze

1. Die Zwiebel und die Knoblauchzehen schälen und fein hacken. Bei den Frühlingszwiebeln auch das Grün verwenden und in Röllchen schneiden. Den Blumenkohl in kleine Röschen teilen. Die zarten Strunkteile in Stäbchen schneiden. Die Kartoffeln schälen und würfeln.

2. Die Zwiebeln und den Knoblauch im heißen Sesamöl andünsten, die Gewürze unterrühren, 2 Minuten mitdünsten. Die Kartoffeln und den Blumenkohl beifügen, die Gemüsebrühe angießen, aufkochen. Bei milder Hitze köcheln lassen, bis die Kartoffeln gar sind. Mit Salz abschmecken.

3. Den Eintopf kurz vor dem Servieren mit dem Mandarinenöl abschmecken. Mit Pfefferminzblättchen garnieren.

Tipp: Für ein vegetarisches Hauptgericht nimmt man je 800 g Blumenkohl und Kartoffeln.

Abbildung übernächste Seite

BRATKARTOFFELN MIT WIRSING UND PFEFFERSCHOTEN

- 2–4 EL Olivenöl extra nativ
- 1 Zwiebel
- 1 rote Pfefferschote/Peperoncino
- 600–800 g gekochte Schalenkartoffeln vom Vortag
- 400 g Wirsing/Wirz
- Pfeffer aus der Mühle
- Meersalz
- wenig Limonenöl
- $1/2$ Bund Petersilie

1. Die Zwiebel schälen und fein hacken. Die Pfefferschote längs aufschneiden, entkernen und in Streifchen schneiden. Die Kartoffeln schälen und würfeln. Den Wirsing vierteln, den Strunk entfernen, in Streifen schneiden.

2. Die Zwiebeln und die Pfefferschoten im heißen Olivenöl andünsten. Die Kartoffelwürfel und den Wirsing dazugeben, rührbraten, bis die Kartoffeln braun sind und der Wirsing knackig ist, etwa 20 Minuten. Mit Pfeffer und Salz würzen. Abschmecken mit dem Limonenöl. Die Petersilie fein hacken und darüber streuen.

Tipp: Mit einem Salat servieren.

ROTKOHLROULADE MIT KASTANIENFÜLLUNG

- 8 große Rotkohl-/Rotkabisblätter

- 200 g Dörrkastanien
- 800 ml/8 dl Gemüsebrühe
- 1 EL Butterschmalz
- 1 kleine Zwiebel
- 1 Knoblauchzehe
- 50 g geriebene Cashewkerne oder Walnuss-/Baumnusskerne
- 2 Freilandeier
- 2 EL süße Sahne/Rahm
- 1 EL Cognac nach Belieben
- 2 EL fein gehackte Petersilie
- 2 EL fein gehackte Wildkräuter, z. B. Geißfuß, Gundelrebe
- Kräutermeersalz
- Pfeffer aus der Mühle
- wenig Sojasauce
- Schnittlauchhalme oder Lauchstreifen zum Binden

- 100–200 ml/1–2 dl Rotwein für die Form
- 300 ml/3 dl Gemüsebrühe für die Form

1. Die Dörrkastanien über Nacht in kaltem Wasser einlegen. Am nächsten Tag die Kastanien putzen, d. h. mit einem spitzen Messer die braunen Häutchen entfernen, verfärbte Früchte aussortieren. Die Kastanien in der Gemüsebrühe im Schnellkochtopf 25 Minuten oder in einem konventionellen Kochtopf etwa 40 Minuten garen. Die Kochflüssigkeit abgießen, die Kastanien von Hand fein hacken oder in der Moulinette pürieren.

2. Die Rotkohlblätter im Dampf sehr weich garen, unter kaltem Wasser abschrecken. Die Mittelrippen herausschneiden.

3. Die Zwiebel und die Knoblauchzehe schälen und fein hacken, beides im heißen Butterschmalz kurz dünsten, unter die Kastanien rühren. Nüsse, Eier, süße Sahne, Cognac und Kräuter unterrühren. Würzen.

4. Den Backofen auf 180 Grad vorheizen.

5. Die Rotkohlblätter auf die Arbeitsfläche legen, die Schnittstellen übereinander legen. Die Kastanienmasse darauf verteilen. Die Kohlblätter links und rechts über die Füllung einschlagen, aufrollen und binden.

6. Den Rotwein und die Gemüsebrühe in die Gratinform gießen. Die Rouladen hineinlegen. Im Backofen bei 180 Grad 30 bis 40 Minuten schmoren, von Zeit zu Zeit wenden.

Tipp: Mit gedünsteten Pilzen servieren.

Abbildung oben:
Blumenkohl-Kartoffel-Curry indische Art,
Rezept Seite 76
Abbildung unten:
Rotkohlroulade mit Kastanienfüllung

BUCHWEIZENCRÊPES MIT PIKANTER RICOTTA-KOHL-FÜLLUNG

für 6 bis 8 Crêpes von 16 cm Durchmesser, je nach Dicke

Crêpeteig

- 🌿 *3 Freilandeier*
- 🌿 *250 ml/2,5 dl Milch*
- 🌿 *1 EL Olivenöl extra nativ*
- 🌿 *100 g feines Buchweizenmehl*
- 🌿 *Meersalz*
- 🌿 *Pfeffer aus der Mühle*
- 🌿 *1 EL fein gehackte Rosmarinnadeln*
- 🌿 *Olivenöl extra nativ zum Braten*

Füllung

- 🌿 *400 g Grünkohl/Federkohl*
- 🌿 *250 g Ricotta*
- 🌿 *3 Eigelb von Freilandeiern*
- 🌿 *1 EL Olivenöl extra nativ*
- 🌿 *50 g geriebene Pinienkerne*
- 🌿 *2 EL geriebener Parmesan*
- 🌿 *abgeriebene Schale einer unbehandelten Zitrone*
- 🌿 *1/2 Bund Petersilie*
- 🌿 *1/2 Bund Basilikum*
- 🌿 *2–3 Knoblauchzehen*
- 🌿 *Kräutermeersalz*
- 🌿 *Pfeffer aus Mühle*

- 🌿 *200 g Mozzarella*

1. Für den Crêpeteig Eier, Milch und Olivenöl verquirlen. Das Mehl dazugeben, zu einem glatten Teig rühren. Würzen mit Salz und Pfeffer. Die Rosmarinnadeln unterrühren. Den Teig 30 Minuten ruhen lassen. Eine nicht klebende Bratpfanne mit Olivenöl einpinseln und aufheizen. Den Teig portionsweise in die Pfanne geben und Crêpes ausbacken. Beiseite stellen.

2. Den Grünkohl putzen, in Streifen schneiden. Im Dampf 5 Minuten garen. Wenig auskühlen lassen, dann in der Moulinette oder mit dem Messer fein hacken.

3. Grünkohl, Ricotta, Eigelb, Olivenöl, Nüsse, Käse und Zitronenschale gut vermengen. Die Petersilie fein hacken, das Basilikum fein schneiden, unterrühren. Die Knoblauchzehen schälen und dazupressen. Mit Kräutersalz und Pfeffer würzen.

4. Den Backofen auf 200 Grad vorheizen. Eine rechteckige Gratinform einfetten.

5. Die Crêpes auf die Arbeitsfläche legen, die Füllung darauf verteilen, satt einrollen. Etwa 1 Stunde kühl stellen. Die Crêpes in 3 bis 4 cm dicke Scheiben schneiden, in die Gratinform legen. Den Mozzarella grob hacken und darüber verteilen. Im vorgeheizten Backofen bei 200 Grad etwa 15 Minuten backen.

Variante: Die gerollten Crêpes in die Gratinform legen, mit Olivenöl beträufeln. Die Form mit Alufolie abdecken. Im Backofen bei 200 Grad 30 Minuten backen.

Tipp: Die Crêpes können warm oder kalt serviert werden, als Antipasto oder Hauptgericht.

CHINAKOHL-BROKKOLI-CURRY MIT RIESENGARNELEN

- 3 EL Sesamöl oder Olivenöl extra nativ
- 1 Zwiebel
- 2 Knoblauchzehen
- 1 rote Pfefferschote/Peperoncino
- 250 g Champignons oder Austernpilze
- 1 kleiner Chinakohl, ca. 400 g
- 1 kleine Stange Lauch
- 250 g Brokkoli
- 2 EL Currypulver
- 200 ml/2 dl Weißwein
- 300 ml/3 dl Gemüsebrühe
- 50 ml/0,5 dl Reiswein nach Belieben
- Meersalz
- Pfeffer aus der Mühle

- 8–12 geschälte Riesengarnelen/-krevetten
- Olivenöl extra nativ
- Currypulver

1. Die Zwiebel und die Knoblauchzehen schälen und fein hacken. Die Pfefferschote längs aufschneiden, entkernen und in Streifchen schneiden. Die Champignons je nach Größe halbieren oder vierteln, die Austernpilze putzen und in Streifen schneiden. Den Chinakohl putzen und in breite Streifen schneiden. Den Lauch putzen, längs halbieren und in feine Streifen schneiden. Den Strunk des Brokkolis wegschneiden, schälen und würfeln, die Blume in kleine Röschen teilen.

2. Zwiebeln, Knoblauch, Pfefferschoten und Pilze im heißen Sesamöl anbraten. Das Gemüse dazugeben und mitdünsten. Mit dem Currypulver bestäuben. Weißwein, Gemüsebrühe und Reiswein angießen, aufkochen, das Gemüse bei milder Hitze knackig garen.

3. Die Garnelen mit Salz und Pfeffer würzen, im heißen Olivenöl beidseitig braten. Mit Curry bestäuben.

4. Chinakohl-Brokkoli-Curry anrichten, die Garnelen dazulegen.

KUCHEN MIT CIMA DI RAPA UND ZIEGENKÄSE

für ein Kuchenblech von
26 cm Durchmesser

- *300 g Vollkornblätterteig*

Füllung
- *450 g Cima di Rapa/Stängelkohl*
- *2 EL Olivenöl extra nativ*
- *2 Knoblauchzehen*
- *1–2 rote Pfefferschoten/ Peperoncini*
- *Meersalz*
- *Pfeffer aus der Mühle*

Guss
- *1 kleiner Ziegenfrischkäse, ca. 150 g*
- *2 Freilandeier*
- *200 g/2 dl süße Sahne/Rahm*
- *Meersalz*
- *Pfeffer aus der Mühle*
- *2 TL Limonenöl oder 2 TL Olivenöl extra nativ und wenig abgeriebene Schale einer unbehandelten Zitrone/Limone*
- *1 TL getrocknete Provencekräuter*

- *12 schwarze Oliven für die Garnitur*

1. Das Kuchenblech mit kaltem Wasser ausspülen. Den Blätterteig rund ausrollen, in das Blech legen. Den Boden mit einer Gabel mehrmals einstechen.

2. Den Backofen auf 220 Grad vorheizen.

3. Bei der Cima di Rapa die unteren dicken Teile und die zähen Blätter entfernen. Die Stiele können auch mit dem Sparschäler geschält werden. Das Gemüse samt Blüten und Kraut in möglichst feine Streifen schneiden. Im Dampf knackig garen. Oder im Salzwasser 5 Minuten blanchieren; bei dieser Garmethode gehen wertvolle Inhaltsstoffe verloren, das Gemüse wird jedoch feiner im Geschmack.

4. Die Knoblauchzehen schälen und fein hacken. Die Pfefferschote längs aufschneiden, entkernen und in feine Streifen schneiden. Knoblauch und Pfefferschoten zusammen mit der Cima di Rapa im heißen Olivenöl andünsten, mit Salz und Pfeffer würzen.

5. Den Ziegenkäse in einer kleinen Schüssel mit der Gabel fein zerdrücken. Die Eier und die süße Sahne dazugeben, gut verrühren. Würzen. Die Zitronenschale und die Kräuter unterrühren.

6. Cima di Rapa auf den Teigboden verteilen. Den Guss darüber gießen. Mit den Oliven belegen.

7. Den Gemüsekuchen im Backofen bei 220 Grad 30 Minuten backen.

Tipp: Die Cima di Rapa hat ein sehr feines, zartes Kohlaroma. Dieser Kuchen kann auch mit Wirsing zubereitet werden.

BROKKOLITOAST

- 8 Scheiben Vollkorntoastbrot oder
  Vollkornbrot oder
  1 große Ciabatta (400 g)
- 3 EL Olivenöl extra nativ
- 2 Knoblauchzehen

Belag

- 2 EL Olivenöl extra nativ
- 1 Knoblauchzehe
- 400–500 g kleine Brokkoliröschen
  (Strunk für eine Suppe verwenden)
- 50 ml/0,5 dl Weißwein
- wenig Gemüsebrühe

Guss

- 2 Eigelb von Freilandeiern
- 100 g/1 dl süße Sahne/Rahm
- Meersalz
- Pfeffer aus der Mühle
- 1 Prise geriebene Muskatnuss
- 150 g Mozzarella aus Büffelmilch

- Sesamsamen

1. Den Knoblauch schälen. Die Brokkoliröschen mit dem durchgepressten Knoblauch im heißen Olivenöl kurz dünsten, den Weißwein und wenig Gemüsebrühe angießen, das Gemüse knackig garen. Abkühlen lassen.

2. Das Eigelb und die süße Sahne glatt rühren. Würzen. Den Mozzarella in kleine Würfel (2 mm groß) schneiden oder auf der Röstiraffel reiben, zum Guss geben.

3. Den Backofen auf 220 Grad vorheizen.

4. Die Brotscheiben mit der Mischung aus Olivenöl und durchgepresstem Knoblauch bestreichen. Oder die Ciabatta aufschneiden und dünn mit Olivenöl bestreichen. Im Backofen bei 220 Grad kurz rösten.

5. Die Brokkoliröschen auf das Brot verteilen, mit dem Guss überziehen.

6. Die Toasts im Backofen bei 220 Grad 8 bis 10 Minuten überbacken. Mit Sesamsamen bestreuen. Sofort servieren.

Tipp: Anstelle von Büffel-Mozzarella kann auch Kuhmilch-Mozzarella oder 100 g Raclettekäse verwendet werden.

Abbildung nebenan

MAIS-GRÜNKOHL-KUCHEN

für eine Springform von
26 cm Durchmesser

für 6 Personen als Hauptgericht

- 250 g Sahne-/Rahmquark
- 75 g/0,75 dl süße Sahne/Rahm
- 50 ml/0,5 dl Wasser oder Gemüsebrühe
- 4 Eigelb von Freilandeiern
- 200 g feiner Maisgrieß
- 2 EL Olivenöl extra nativ
- 100 g Speckwürfelchen
  nach Belieben
- 1 mittelgroße Zwiebel
- 2 Knoblauchzehen
- 500 g Grünkohl/Federkohl
  ohne Blattrippen (mit Blattrippen
  ca. 750 g)
- wenig Gemüsebrühe
- 100 g geriebener Greyerzer Käse
- 2 EL fein gehackte Garten- oder
  Wildkräuter
- Kräutermeersalz
- Pfeffer aus der Mühle
- abgeriebene Schale einer
  unbehandelten Zitrone
- geriebene Muskatnuss
- Meersalz
- 4 Eiweiß
- 1–2 EL geriebener Greyerzer Käse

1. Quark, süße Sahne, Wasser und Eigelb glatt rühren. Den Maisgrieß unterrühren, 30 Minuten quellen lassen.

2. Die Zwiebel und die Knoblauchzehen
schälen und fein hacken. Den Grünkohl
in feine Streifen schneiden. Die Speckwürfelchen im heißen Olivenöl braten,
herausnehmen und beiseite legen. Die
Zwiebeln und den Knoblauch im glei-
chen Topf andünsten, den Grünkohl dazugeben und mitdünsten, eventuell wenig
Gemüsebrühe angießen, das Gemüse
knackig dünsten. Abkühlen lassen.

3. Den Backofen auf 200 Grad vorheizen. Den Boden und den Rand der
Springform gut einfetten.

4. Grünkohl, Speckwürfelchen, Käse und
Kräuter unter den Maisbrei rühren. Kräftig
würzen. Das Eiweiß zu Schnee schlagen
und unterziehen. Die Masse in die Springform füllen, glatt streichen, mit dem Käse
bestreuen.

5. Den Mais-Grünkohl-Kuchen im Backofen bei 200 Grad rund 40 Minuten backen.

Tipp: Den Kuchen mit einer Zitronen-,
Kürbis- oder Gemüsepaprikasauce servieren.

Varianten: Grünkohl durch Wirsing oder
Cima di Rapa/Stängelkohl ersetzen.

Abbildung oben:
Mais-Grünkohl-Kuchen
Abbildung unten:
Rosenkohlsalat mit Möhren und Rucola,
Rezept Seite 44

BRUSCHETTE MIT CIMA DI RAPA

- 🌿 2 EL Olivenöl extra nativ
- 🌿 500 g Cima di Rapa/Stängelkohl
- 🌿 1–2 Knoblauchzehen
- 🌿 Meersalz
- 🌿 Pfeffer aus der Mühle
- 🌿 abgeriebene Schale einer unbehandelten Zitrone oder Limonenöl

- 🌿 4 Scheiben Vollkornbrot oder Weißbrot
- 🌿 2 EL Olivenöl extra nativ
- 🌿 1–2 Knoblauchzehen

1. Die harten Blätter der Cima di Rapa entfernen, den Strunk einkürzen, das Gemüse in feine Streifen schneiden. Im Dampf knackig garen.

2. Das Brot im Backofen bei 220 Grad oder im Toaster beidseitig bräunen. Die Knoblauchzehen schälen und zum Olivenöl pressen, die Brotscheiben damit bestreichen.

3. Cima di Rapa und durchgepressten Knoblauch in einer Bratpfanne im heißen Olivenöl kurz schwenken, mit Salz und Pfeffer würzen. Abschmecken mit Zitronenschale und/oder Limonenöl.

4. Das Gemüse auf die gerösteten Brotscheiben verteilen. Sofort servieren.

Abbildung Seite 43

LUFTIGE WIRSING-KÄSE-KÜCHLEIN

für 8 Küchlein oder ein Kuchenblech von 26 cm Durchmesser

- 🌿 300 g Vollkornblätterteig

Füllung
- 🌿 150 g junger Wirsing/Wirz
- 🌿 3 Freilandeier
- 🌿 100 ml/1 dl Milch
- 🌿 100 g/1 dl süße Sahne/Rahm
- 🌿 3 EL Crème fraîche
- 🌿 200 g geriebener Greyerzer Käse
- 🌿 Pfeffer aus der Mühle/Meersalz
- 🌿 wenig zerstoßener Kümmel
- 🌿 fein gehackter Majoran

1. Wirsing in Streifen schneiden, im Dampf 4 Minuten garen, abkühlen lassen.

2. Den Backofen auf 220 Grad vorheizen. Die Form/Förmchen einfetten.

3. Für Portionenförmchen den Teig rechteckig und etwa 2 mm dick ausrollen, Rondellen ausstechen. Oder den Teig rund ausrollen. In die Form legen und mit einer Gabel einige Male einstechen.

4. Für den Guss Eier, Milch, süße Sahne und Crème fraîche verquirlen. Den Käse unterrühren. Würzen. Den Wirsing unterrühren. Auf den Teigboden verteilen.

5. Den Wirsing-Käse-Kuchen im Backofen bei 220 Grad 25 bis 35 Minuten backen, je nach Größe der Formen.

BLUMENKOHL-PIE MIT RICOTTA UND SARDELLEN

für eine Springform von 28 cm Durchmesser

- *400 g Vollkornblätterteig*
- *2 EL Olivenöl extra nativ*
- *2 Knoblauchzehen*
- *1 kleines Stück Ingwer*
- *1 Blumenkohl, ca. 500 g*
- *100 ml/1 dl Weißwein*
- *wenig Gemüsebrühe*
- *4 Eigelb von Freilandeiern*
- *400 g Ricotta*
- *4 EL Reibkäse, z. B. Grano Padano*
- *10 Sardellen*
- *1 unbehandelte Zitrone, abgeriebene Schale*
- *Kräutermeersalz*
- *Pfeffer aus der Mühle*
- *geriebene Muskatnuss*
- *Paprikapulver*
- *1 Eiweiß*

- *1 Eigelb zum Bestreichen*

Provenzalische Zitronensauce

- *1 unbehandelte Zitrone, abgeriebene Schale und Saft*
- *Meersalz/Pfeffer aus der Mühle*
- *3 EL Crème fraîche*
- *6 EL Olivenöl extra nativ*

1. Den Blumenkohlstrunk wegschneiden, zarte Teile in feine Stäbchen schneiden, die Blume in möglichst kleine Röschen teilen. Die Sardellen hacken. Die Knoblauchzehen schälen und fein hacken. Den Ingwer schälen und fein reiben.

2. Knoblauch und Ingwer im heißen Olivenöl dünsten, den Blumenkohl dazugeben und mitdünsten. Den Weißwein und wenig Gemüsebrühe angießen, das Gemüse bei milder Hitze knackig dünsten. Es soll keine Flüssigkeit übrig bleiben. Abkühlen lassen. Ein Drittel des Blumenkohls fein hacken, den Rest ganz lassen.

3. Eigelb, Ricotta, Reibkäse, Sardellen und fein gehackten Blumenkohl vermengen. Würzen. Das Eiweiß zu Schnee schlagen und unterziehen.

4. Den Backofen auf 180 Grad vorheizen.

5. Den Teig in zwei Portionen von etwa 150 g (Deckel) und 250 g (Boden) teilen. Für den Boden den Teig so groß ausrollen, dass er noch 4 bis 5 cm (Rand) hochgezogen werden kann. In die mit kaltem Wasser ausgespülte Form legen, den Rand andrücken. Den Boden mit einer Gabel einige Male einstechen.

6. Die Ricotta-Blumenkohl-Masse auf dem Teigboden ausstreichen. Den restlichen Blumenkohl darauf verteilen.

7. Restlichen Teig auf Formgröße ausrollen, auf die Füllung legen. Den Rand anfeuchten, auf den Deckel legen und andrücken. Mit Eigelb bestreichen, mit einer Gabel einige Male einstechen.

8. Die Pie im Backofen bei 180 Grad 40 bis 45 Minuten backen.

9. Für die Zitronensauce sämtliche Zutaten cremig rühren.

PIZZA MIT BROKKOLI UND MEERESFRÜCHTEN

für ein rechteckiges oder
2 große runde Kuchenbleche

Pizzateig

- 350 g Dinkelvollkornmehl
- 1 TL Meersalz
- 30 g Hefe
- 250 ml/2,5 dl lauwarmes Wasser
- 1 EL Olivenöl extra nativ

Belag

- 4 EL Tomatenpesto aus getrockneten Tomaten (Bioladen) oder 4 EL Tomatenpüree
- 400 g Brokkoli
- 1–2 EL Olivenöl extra nativ
- 1 Knoblauchzehe
- 350 g gemischte Meeresfrüchte
- 1 TL getrockneter Oregano
- Pfeffer aus der Mühle
- Kräutermeersalz
- 150 g Mozzarella aus Büffelmilch, grob gehackt
- 2–3 EL Olivenöl extra nativ

1. Sämtliche Zutaten für den Pizzateig in eine Schüssel geben und zu einem Teig zusammenfügen, auf der Arbeitsfläche 10 bis 15 Minuten kräftig von Hand kneten. Den Pizzateig in die Schüssel legen, mit einem feuchten Tuch bedecken, an einem warmen Ort 30 Minuten gehen lassen.

2. Den Strunk des Brokkoli wegschneiden, schälen und in Stäbchen schneiden, die Blumen in Röschen teilen, im Dampf 2 bis 3 Minuten garen, unter kaltem Wasser abschrecken.

3. Die Knoblauchzehe schälen. Die Meeresfrüchte und den durchgepressten Knoblauch im Olivenöl kurz anbraten.

4. Den Backofen auf 220 Grad vorheizen. Das Backblech mit Backtrennpapier belegen.

5. Den Pizzateig nochmals kurz kneten, auf bemehlter Arbeitsfläche ausrollen, in das Blech legen. Den Tomatenpesto darauf ausstreichen. Den Brokkoli und die Meeresfrüchte darauf verteilen. Mit Oregano, Pfeffer und Salz würzen. Den Mozzarella darauf verteilen, mit dem Olivenöl beträufeln.

6. Die Pizza im Backofen bei 230 Grad 15 bis 20 Minuten backen.

Tipp: Mit einem großen Saisonsalat servieren.

Abbildung oben:
Wirsingsalat mit Wildkräutern,
Rezept Seite 45
Abbildung unten:
Pizza mit Brokkoli und Meeresfrüchten

A

Achillessehne   16
Angina   15
Arthritis   15

B

Blähungen   16
Blumenkohl   15, 29, 41, 66, 76, 89
Brandwunde   15
Brokkoli   27, 38, 39, 42, 54, 57, 64, 76,
   82, 85, 90

C

Chinakohl   33, 45, 68, 71, 82
Cima di Rapa   31, 39, 47, 51, 61, 62,
   83, 88

E

Entzündung, Glieder-   15

F

Federkohl   siehe Grünkohl

G

Geschwür   15
Grünkohl   23, 36, 48, 52, 75, 80, 86

I, J

Jodaufnahme   16

K

Krebsprävention   15

L

Leberwickel   16

M

Magengeschwür   15

N

Naturheilkunde   15

P

Pak-Choi   64

Q

Quetschung   15

R

Romanesco   42
Rosenkohl   15, 25, 44, 52, 64, 73
Rotkohl   21, 45, 47, 63, 78

S

Senföl   15
Stängelkohl   siehe Cima di Rapa

T

Tennisellbogen   16

W

Weißkohl   16, 17, 36, 41, 42, , 63
Wickel   15, 16
Wirsing   16, 21, 45, 54, 56, 57, 59, 61,
   66, 70, 73, 77, 88
Wunde   15

BONEFRO NICOLA DI CAPUA
Oberdorfstrasse 32
8424 Embrch
Tel. 01/865 29 29, Fax 01/865 70 80
Olivenöl extra nativ sowie Olivenöl
extra nativ mit Grapefruit-, Mandarinen-
und Limonen(Zitronen)aroma, kurz
Grapefruit- Mandarinen- und
Limonenöl

TRE MULINI GmbH
Sandstrasse 2
8003 Zürich
Telefon/Fax 01/461 52 50
Orangen- und Zitronenaspretto (Essig)